本著作获得国家社会科学基金（项目编号：19XMZ076）、教育部人文社会科学研究青年基金（项目编号：21YJC790104）、中国博士后科学基金（项目编号：2020M672241）、宁夏大学优秀学术著作出版基金的资助。

合作社的发展与社员权益

基于“名”“实”的双重审视

周易 唐轲◎著

中国社会科学出版社

图书在版编目（CIP）数据

合作社的发展与社员权益：基于"名""实"的双重审视/周易，唐轲著.
—北京：中国社会科学出版社，2022.5
ISBN 978-7-5203-9716-2

Ⅰ.①合…　Ⅱ.①周…②唐…　Ⅲ.①农业合作社—研究—中国
Ⅳ.①F321.42

中国版本图书馆 CIP 数据核字（2022）第 023647 号

出 版 人　赵剑英
责任编辑　郭晓鸿
特约编辑　杜若佳
责任校对　师敏革
责任印制　戴　宽

出　　版　中国社会科学出版社
社　　址　北京鼓楼西大街甲 158 号
邮　　编　100720
网　　址　http://www.csspw.cn
发 行 部　010-84083685
门 市 部　010-84029450
经　　销　新华书店及其他书店

印　　刷　北京明恒达印务有限公司
装　　订　廊坊市广阳区广增装订厂
版　　次　2022 年 5 月第 1 版
印　　次　2022 年 5 月第 1 次印刷

开　　本　710×1000　1/16
印　　张　13.5
插　　页　2
字　　数　163 千字
定　　价　78.00 元

凡购买中国社会科学出版社图书，如有质量问题请与本社营销中心联系调换
电话：010-84083683

摘　要

随着2007年《中华人民共和国农民专业合作社法》（以下简称《合作社法》）的正式实施，合作社开始向规范转型。2008年以后，我国开始重视培育新型农业经营主体的发展，尤其是从2013年以后的历年“中央一号文件”可以看到合作社的发展已然被放置到更加重要的地位。在这样的宏观背景下，我国合作社得以蓬勃发展，无论是合作社的数量、社员的人数还是合作社的经济效率都实现了迅速增长。与此同时，合作社的发展呈现出一些新的形态，表现为：一些虚的合作社开始做实（有了实体），还有一部分做实的合作社逐步实现了规模的扩大；尤其值得关注的新现象是一些联合社（合作社联合所出现的一种新的形式）的出现，国家对其持一种默许的态度，强调它的规范发展但是如何规范并没有确切的规定。在合作社的发展过程中，中央同步关注农民权益的保护问题，那么在此过程中农民是否同样得到了好处或其相应的权利是否得到了保障？因此，本书在这样的一个背景下来研究当合作社的经营规模逐渐增加以及它的经营形式发生变化的过程中，其组织结构的变化、管理制度的变化以及组织结构和管理制度的变化对社员权益所带来的影响。本书对社员权益的度量形式有两种，一是经济利益，二是民主管理权利。并在此基础上，考虑了两类成员（核心成员和普通成员）的经济利益和民主管理权利。

本书的具体章节是从宏观层面回顾改革开放以来历年的香门第“中央一号文件”、法律法规和其他政策文件，重点关注有关合作社的组织结构、管理制度以及社员权益方面制度的变化，通过变化发现可能的规律和未来的挑战。从宏观的层面对我国合作社的发展状况进行描述性分析。从微观层面来讲，是以北莱园联合社（全国示范社）作为典型案例，描述和分析其组织结构的变化、管理制度的变化以及组织结构和管理制度的变化对社员权益的影响。通过梳理历年制度文件，本书发现我国合作社的改革逻辑是政府逐渐简政放权的过程，合作社慢慢发展，从不规范向规范转型，制度也趋向完善。在这个过程中，由于我国的社会主义性质，中央文件就特别强调一人一票（农民的平等权利），但是合作社早期的发展更多地依靠“农村能人”稀缺的生产要素，如：物质资本、市场营销能力、社交网络等促进合作社的发展，因此核心成员和普通成员的投入和索取不同、资源禀赋不均衡，做到完全平等可能只是制度层面和文件层面上的初衷。就联合社而言，国家对联合社没有清晰明确的定义，同时对联合社是虚的联合还是实的联合没有明确引导，如果是实的联合，其基层社应该去掉，如果是虚的联合，国家促进联合社的发展是促进其能够扩大规模、能够和企业对抗、能够形成其竞争力，但是也有可能带来管理上的混乱（如同一套班子注册了不同的合作社），会使国家的补贴分散化，在这种联合的过程中，如果制度设计不好，更有利于形成核心成员既得利益的保护，而对普通成员的权益并没有起到同步提升的作用。这些发现是可能存在争议的地方。然后根据组织结构、管理制度变化的关键节点将北菜园联合社划分为三个时期，分析三个时期中合作社的组织结构变化、管理制度变化以及组织结构和管理制度的变化对社员（核心成员和普通成员）权益的影响。在合作社发展的前期，合作社实行简单的组织结构和家长集权制的管理方式，由于核心成员投入较高、压力较大，属于高风险、低收益的情况，为了让合作社在市场中获得生存，必须集中力量，这时核心成员是绝对担当，而普通成员可能是观望态度，虽然合作社按照《合作社法》和国家相关规定在响应政府的号召下成立，但这些规定只是名义上的，实践中不可能按此操作。合作社在发展中期效率得以提高，规模得以扩大，经济总量有所增加。合作社在发展后期（联合社时期）组织结构非常复杂，经济总量扩大，但增速相比中期下降。在此过程中，合作社的经济效益提高，普通社员收入提高，有更多的农民想加入合作社，普通社员希望得到的更多，希望有更多的权利能够表达自己，能够参与决策，或能够对合作社形成影响，其主人翁意识提高。但在这个过程中，由于“农村能人”在合作社发展初期付出的较多，需要回报，而已经获得回报的“农村能人”，希望能够持续不断地获得回报并向其倾斜。在这里形成了核心成员和普通成员的责权利不对等问题，两者间存在非均衡问题。当合作社的效率能够增长时，它可以维持，当合作社的效率不能继续增长时，矛盾会继续存在。

通过本书研究发现，合作社的组织结构和管理制度均存在“名”与“实”的偏离。我国合作社的发展特点是“能人带动型”，因此这种类型就决定了合作社是效率优先型，但是当合作社发展到一定程度时，公平变得更加重要，尤其是对于大型合作社来说，其民主管理制度如何运行，而这种民主管理制度又不能完全实行一人一票制，亟须提出一套切实有效的既能够保障社员权益又适合现代企业管理的民主管理制度。

关键词：合作社；组织结构；管理制度；权益

Abstract

With the implementation of *2007 People's Republic of China Farmer Cooperatives Law*, cooperatives have been on the way to normative development. Since 2008, Our country started to think highly of cultivating new agricultural performance entities again; Especially annual "the Central Committee's Document No. 1" since 2013, we may see developing co-operatives has been promoted to more important position. Under this macro background, China agricultural cooperative developed rapidly, regardless of its quantity, size or economic efficiency. Moreover we also see a new phenomenon: some previous dummy cooperatives become solid now (possesses entities), while some tiny solid cooperatives grow large lately. Another new phenomenon refers to the appearance of some associated cooperatives. Cooperatives unite into a new existing form. China holds an acquiescent attitude towards associated cooperatives. Though it has underlined its normative development, it doesn't make clear regulation. China keeps eyes on protecting the farmers' rights in the process of cooperative development. So what benefits do they get or has their democratic management been protected? Therefore, under thus background, this essay studies the transformation of its organization structure and management system, as well as their influence on members' rights when cooperative grows in size and its management form changes. In this article, commune rights are considered in two forms: one is economic rights, the other is democratic management rights. At the same time of considering the above both rights, it also analizes the ecnomic rights and political rights of two groups of members (core members and ordinary members).

In specific chapters of this article, it reviews the annual "the Central Committee's Document No. 1" since China reform and opening, laws and regulations as well as other policy documents. It focuses on any changes on organization structure, management system and commune rights of cooperatives, concequently discovering possible laws and future challenges. It launches descriptive analysis on China coopeartive development status from macroscopic view. In microcosmic view, mainly select the Northern Vegetable Garden Associated Cooperative (national model cooperative) as a typical case. It describes and analyzes the transformation of its organization structure and management system, as well as their influence on members' rights. Through sorting out the institution documents, this article shows that China cooperative reforms in the spirits that government devolves powers. Cooperative gradually develops from the non-standard to standard, meanwhile, system becomes more mature. In this period, due to our socialist quality, Central File specially emphasizes one person one vote (farmers' political equal rights). However in the early development of cooperatives, they rely more on "country able person" and rare production resources, such as physical capital, marketing power and social network so as to accelerate its pace of development. So in terms of invest, demand and resources endowment, it is hardly possible to achieve complete equality between the core members and the ordinary members rather than institutional and documentary equality. For associated cooperatives, China doesn't make clear definition on it, neither does it provide clear guidance whether they need be namely associated or really associated. If it means real association, the grassroots cooperatives should be removed; if it means namely associated, nation promotes the development of associated cooperatives by promoting its scale and marketing power which can compete with enterprises. It may also lead chaos in management (the same leader group registers different cooperative for instance) and may diversify national subsidies. Otherwise improper system design may even become protective umbrella for the core members with a vested interest. In that case, ordinary members cannot enjoy the cogradient rights. These findings are likely to be controversial. And then according to the key node of the organizational structure, management system changes, North Garden Union is divided into three periods, aiming to analyze respectively the changes in the organizational structure of the cooperatives, the changes in the management system, the changes in the organizational structure and the impacts of changes in the management system on the rights and interests of members (core members and ordinary members) in the three periods. In the early development of cooperatives, it implemented simple organizational structure and parental centralized management, due to the higher investment, the core members suffered from high stress, which is the case of high risk and lower yields. In order to survive in the market for the cooperatives, they must focus on, and the core members are absolutely responsible, while ordinary members may be on the sidelines, although cooperatives are established in response to the government's call in accordance with the Cooperatives and the relevant provisions of the State, these provisions are only nominal and can not be done in practice. The efficiency of cooperatives has increased in the middle of the development period, the scale has been expanded and the total economy has increased. Political structure of Cooperatives in the late development period (Union period) was very complex, the total economic expanded, but the growth rate compared to mid-term declined. In this process, the economic benefits of cooperatives increased, the income of ordinary members increased, there were more farmers desiring to join the cooperatives, ordinary members wangted to get more, and they hoped to have more political rights to express themselves, to participate in decision-making, or make some impacts on the cooperative, which reflected their improving sense of ownership. But in this process, due to the people worked so hard in the initial development of the cooperative, they needed return, and those capable persons who has been rewarded hoped to continue to get the return and tilt to them, in which formed the inequality of rights and responsibilities between core members and ordinary members, and there exited unbalanced issues between them. When the efficiency of the cooperatives can grow, it can be maintained, while on the contrary, the contradictions will continue to exist.

Through the study of this paper, we find that there are "nominal" and "actual" organizational structure and management system, but drifts between the "nominal" and the "actual" are existed, the development characteristics of China's cooperatives are capability-driven, so this type determines the cooperative is efficiency-prominent, but when cooperatives develop to a certain extent, equity becomes more important, democracy becomes more important, especially for large cooperatives, how its democratic system or management system operates, and such a democratic system can not fully implement one-vote system, and a democratic system that is effective in protecting the rights and interests of members and also suits for modern enterprise management is highly needed. In addition, the question about the legislation of the Union is to make the cooperatives achieve or draw, whether the Union should include enterprises or just combine between cooperatives, these are the gaps in the law.

Key words: cooperatives; organization structure; management system; rights

目　录

图目录

第一章 导论

1.1 研究背景

自我国第一部有关农民专业合作社的法律《中华人民共和国农民专业合作社法》从 2007 年正式颁布以来，我国的农民专业合作社进入一个迅速发展的时期。从 2008 年到 2014 年，合作社的数量从 11.4 万个增长到 113.8 万个，增长了 898%；合作社的社员从 1178.4 万人增长至 5593 万人，增长了 374%；国家对合作社的各级财政专项扶持资金总额从 326174 万元增长至 546791 万元，增长了 67.6%①。在时代需求的推动下，一种新的合作社模式——联合社应运而生，并实现了快速增长，从 2008 年到 2014 年，联合社的数量从 1453 个增长至 3629 个，增长了 150%。

与此同时，我国高度重视和支持合作社的发展，如党的十七届三中全会通过的《中共中央关于推进农村改革发展若干重大问题的决定》中明确提出，要“按照服务农民、进退自由、权利平等、管理民主的要求，扶持农民专业合作社加快发展，使之成为引领农民

① 数据来源：农业部经管司经管总站《中国农村经营管理统计年报》(2006—2014)。

参与国内外市场竞争的现代农业经营组织”。在此背景下，我国合作社正在向由弱变强、由小变大、由虚变实的方向转变。但是，由于我国合作社总体上还处于发展的初级阶段，仍存在发展不平衡、经营规模小、服务层次低、规范化程度不高、带动能力不强等问题（万宝瑞，2010），尤其是许多合作社依然面临市场竞争能力弱、经营效益低的问题（胡冉迪，2012）。为解决上述问题，越来越多的合作社选择组建联合社，目的是降低交易成本，提高市场议价能力。基于此，我国已经有不少地方陆续成立了农民专业合作社联合社。由于联合社的发展是一种自下而上的变迁过程，因此，国家还没有在规范联合社的发展方面作出明确的规定。

随着合作社在我国新型农业经营主体中的地位不断上升，中央政府也逐渐重视对合作社社员权益的保护，强调加强保护社员的权益，并出台了一系列保护社员经济利益和民主管理权利的政策。其中，在保护社员的经济利益方面，《财政部国家税务总局关于农民专业合作社有关税收政策的通知》明确提出通过税收优惠等政策保护社员经济利益的具体规定；《农民专业合作社财务会计制度（试行）》要求合作社在进行年终盈余分配工作之前，需对全年的收入、支出予以准确核算，并对成员的个人账户予以真实完整的登记。在保护社员的民主管理权利方面，《农民专业合作社示范章程》明确提出社员有权“参加成员大会，并享有表决权、选举权和被选举权，对本社的工作提出质询、批评和建议”；2008 年，《中共中央关于推进农村改革发展若干重大问题的决定》提出合作社要遵循“进退自由、服务农民、管理民主、权利平等的要求”；2015 年，《中共中央　国务院关于深化供销合作社综合改革的决定》要求合作社加快对治理结构的完善，落实基层社的“三会制度”，强化民主监督和民主管理，切实提高农民社员在合作社中的参与度、话语权。

在我国合作社迅速发展的过程中，一些合作社由虚变实、一些做实的合作社的规模由小变大，并且出现了联合社的新形式。在这样的背景下，我国合作社的组织结构发生了相应的变化，合作社的管理制度逐渐完善，组织结构和管理制度的调整直接影响了社员权益的变化。

1.2 研究问题

结合以上研究背景，提出本书的研究问题：合作社组织结构与管理制度对社员权益到底有怎样的影响？合作社的组织结构和管理制度是否存在“名”与“实”的偏离？假如名实偏离，偏离存在的地方在哪里？这种名实的偏离会对不同层级社员（核心成员和普通成员）权益带来怎样的实质影响？发生这种偏离的内在原因是什么？这些问题的回答直接关系着我国合作社的未来发展和转型。

关于合作社的组织结构和管理制度对社员权益的影响，学者们做了一些研究。在组织结构方面，学者们主要从“三会制”的法人治理结构和经济组织结构两个方面来分析组织结构对社员权益的影响（Cook，1995；Cook and Iliopoulos，1999；Gripsrud et al.，2001；林坚、黄圣忠，2007；徐旭初，2012；樊丽明、解垩，2010；杨光华、朱春燕，2014）。在管理制度方面，学者们主要从生产服务管理制度、分配管理制度和民主管理制度三个方面来分析管理制度对社员权益的影响（何慧丽，2007；何洲，2011；姜绍静、罗泮，2010；朱哲毅等，2016；马丽岩、李彤，2008；郑丹，2011；

张雪莲、冯开文，2008；国鲁来，2010）。但是从已有的研究来看，还存在一些不足，包括：缺少从名与实的视角来研究合作社的组织结构和管理制度对社员权益的影响；对于联合社的组织结构与管理制度及两者对社员权益的影响都缺乏进一步的研究；对法人治理结构和民主管理制度的名实偏离研究仅停留在现象层面的描述，并没有明确归纳出两者的名实偏离，也缺少解释原因的分析；对合作社经济组织结构的研究以及合作社经济组织结构对社员权益影响的研究还有待深入。本书正是在弥补已有研究不足的基础上，对合作社组织结构和管理制度对社员权益的影响做系统研究。

1.3 概念界定

1.3.1 合作社与联合社

关于合作社，国外学者对此有基本一致的内涵界定，认为合作社是保护弱势群体的一个重要组织。即：合作社是一个使用者所有、使用者控制的致力于成员受益的组织（Sexton and Iskow，1993；Hsu，2006；Ortmann and King，2007）。其中，使用者所有是合作社的使用者拥有合作社；使用者控制是合作社的使用者能够控制合作社的运行，这种控制可以采取理事会或社员代表大会等方式进行；成员受益是使用者从合作社中获取利益（扶玉枝，2012）。在我国，根据《中华人民共和国农民专业合作社法》（以下简称《合作社法》），合作社是“在农村家庭联产承包经营基础上，同类农产品的生产经营者或者同类农业生产经营服务的提供者、利用者，自愿联合、民主管理的互助性经济组织”。在本质上，这一定义与国际上对合作社的定义基本一致，同样认为合作社是使成员所有、成员控制和成员受益。在此基础上，本书所用的合作社的概念与国际上的农业合作社、国内的农民专业合作社基本一致。

关于联合社的定义，《合作社法》和国际合作社联盟均没有对联合社做出明确的定义。目前，学术界也没有统一的联合社定义，一些学者尝试对联合社做了界定。如：张娟（2012）指出，联合社是由农民专业合作社（若干同行业）联合上、下游产业链条内的其他经营主体（如公司、企业等）共同组建的，兼具对内服务与对外营利双重属性的合作社法人。蒋晓妍（2017）认为，联合社是指在增强市场中的竞争力的目标下，以服务社员为宗旨，农民专业合作社通过自愿组织起来的实行民主管理、公平分配的互益性社团法人。在此基础上，本书中将联合社定义为两个及以上的农民专业合作社通过自下而上的自愿联合而形成的互助型合作社法人。

1.3.2　社员权益

权益包括两个方面，一个是权利，另一个是利益。本书中所指的社员权益是指社员在合作社发展过程中与其个人生存与发展密切相关的各个方面所能获得的权益。本书将从两个层面来分析和界定社员权益，即：民主管理权利和经济利益。其中，社员的经济利益是最基本且最重要的权益，是其他非经济权益得以存在和发展的基础。本书中所指的经济利益是合作社从事一线生产、管理社员以及非一线社员得到的收入；社员的民主管理权，即选举权和被选举权、知情权、监督权、管理参与权等。

1.3.3 合作社的组织结构

关于组织结构的定义，组织结构（Organizational Structure）是在为了更好地实现组织目标的前提下，全体成员进行分工协作来完成组织的具体管理工作，从而在权责利方面形成的一种动态的结构体系。在学者们看来，组织结构（也称组织的各要素间相互联结的框架）是组织内部各组成要素间相互发生作用的一种联系形式。它涉及权限的认定、机构的设置、管理职责、管理职能划分以及组织成员间相互关系的安排、协调（潘文灏等，1998；胡清芬，2002；任浩、刘石兰，2005）。

目前，关于合作社的组织结构，学界还没有一个统一的定义，如：黄胜忠、徐旭初（2008）指出合作社的组织结构主要体现在所有权结构、控制权结构和利益分配机制上；刘伟（2013）认为合作社的组织结构包括成员大会、理事会和监事会组成的内部组织结构和由经理与一系列职能部门组成的外部组织结构。在此基础上，本书中所指的合作社的组织结构包括“三会制”的法人治理结构和经济治理结构（实际运行中的组织结构）。

1.3.4 合作社的管理制度

关于管理制度的定义，根据管理学原理，管理制度是一个组织能够有效运行的基础（罗宾斯和库尔特，2004），它是组织对内部或外部资源进行分配调整，对组织架构、组织功能和组织目的的明确和界定。具体而言，管理制度是组织约束、调整其在经营管理活动中各种特定的经营管理行为方式和关系的行为规则

（李晓蓉，2009；刘婷婷，2011；张晓生，2012）。

目前，合作社的管理制度还没有在学术界得到一致性的概念界定。本书在企业管理制度的核心理念的基础上，将合作社的管理制度定义为合作社在生产经营活动中要求所有人员必须遵守的规定和准则的总称，具体包括生产服务管理制度、分配管理制度和民主管理制度。

1.4 研究思路

本书着重分析了合作社的组织结构和管理制度对社员权益的影响。其中，合作社的制度包括生产服务管理制度、分配管理制度和民主管理制度，社员权益包括经济利益和民主管理权利。在分析组织结构和管理制度对社员权益的影响之前，对合作社组织结构、管理制度和社员权益的相关制度进行了回溯，对我国合作社的发展情况进行了描述性分析。本书的研究思路如图 1－1 所示。

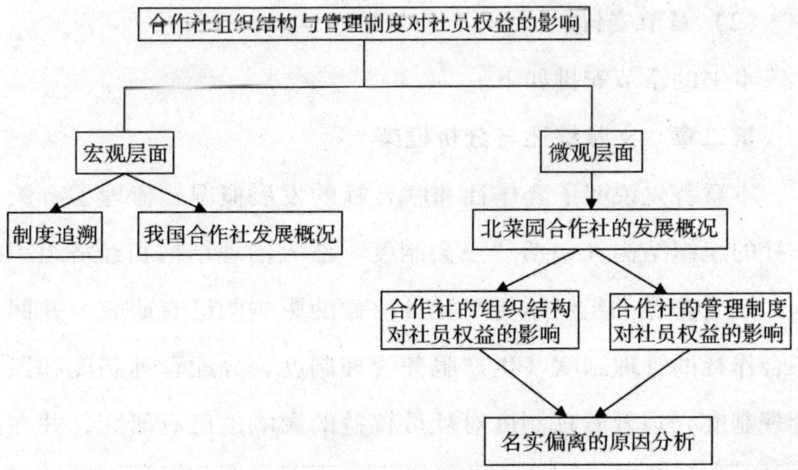

图 1－1　研究思路

1.5 研究内容

（1）研究内容。

首先，从宏观层面对合作社组织结构、管理制度与社员权益的相关制度进行了历史追溯，并进行了归纳梳理，以期发现有关制度的变化规律，并予以评价。在探究制度变化规律的同时，本书对我国合作社的整体发展概况予以描述和分析，以此回应合作社组织结构、管理制度与社员权益相关制度的变化。其次，从微观层面对一个典型合作社的发展概况予以描述和分析，并描述和分析合作社在不同发展时期的组织结构和管理制度的变化，以及两者的变化对社员权益所产生的影响。并在此基础上，对合作社的组织结构和管理制度产生的名实偏离予以系统的原因分析，并进一步提出相关政策建议。

（2）章节安排。

本书的章节安排如下。

第二章　文献综述与分析框架

本章首先说明了合作社和联合社的发展概况，梳理了有关合作社的组织结构（包括“三会制度”法人治理结构和经济组织结构）和合作社的组织结构对社员权益的影响的已有研究，并回顾了合作社的管理制度（生产服务管理制度、分配管理制度和民主管理制度）以及管理制度对社员权益的影响的已有研究，并在此基础上对文献予以评述。其次，说明本书的理论基础，并结合已有研究和理论提出了有关研究问题的一个分析框架。

第三章 合作社的组织结构、管理制度和社员权益的制度追溯

本章通过对1982—2017年的合作社政策文件进行对比分析，进一步从宏观视角理解合作社的组织结构、管理制度与社员权益相关制度的演变过程，总结其发展规律，并予以客观评价。

第四章 农业合作社发展概况

在总结了第三章制度变化规律的情况下，本章通过农业部农村经济体制与经营管理司农村合作经济经营管理总站（以下简称经管司经管总站）的数据，进一步描述和分析全国合作社的发展概况。

第五章 北莱园合作社发展概况

本章首先介绍了北莱园农产品产销专业合作（联合）社（以下简称“北莱园合作社”）的发展历程。然后，对北莱园合作社（包括绿莱园合作社）的基本概况进行描述和分析，包括合作社的社员概况、合作社的蔬菜种植及销售概况、固定资产及利润概况。

第六章 合作社的组织结构与社员权益

本章根据北莱园合作社的发展历程，以实际组织结构的变化节点为划分依据，对合作社发展初期、合作社发展中期和合作社发展中后期（联合社）的组织结构予以描述和分析，并在此基础上探讨了合作社不同时期组织结构（“三会制”的法人治理结构和经济组织结构）对社员权益产生的影响，并发现合作社的组织结构发生了名实偏离。

第七章 合作社的管理制度与社员权益

本章首先描述了合作社发展的前期、中期和后期的管理制度情况，然后进一步分析合作社不同时期的管理制度（生产服务管理制度、分配管理制度和民主管理制度）对社员权益的影响，并发现合作社的管理制度发生了名实偏离。

第八章 “名”与“实”发生偏离的原因分析

本章分析了合作社“名”与“实”差异的具体原因，具体包括合作社发展规模和发展阶段所决定，“农村能人”与企业家精神的稀缺性，没有专门的人事部门和不同层级管理人才的培养制度，成员异质性的影响，农民人数众多，实际协调难度大和核心成员对变革的阻碍几个方面。

第九章 结论与政策建议

提炼全文的主要结论，提出相关的政策建议。

1.6 研究方法

本书基于国内外已有研究成果和实地调查所获数据、访谈记录，综合运用了文献研究、问卷调查和案例研究等研究方法，对合作社发展过程中组织结构的变化、管理制度的变化以及组织结构和管理制度的变化对社员权益的影响进行了深入的研究。

（1）文献研究法。本书通过调研前期的文献阅读和撰写期的文献梳理对已有的关于合作社组织结构的研究、合作社组织结构对社员权益的研究、合作社管理制度的研究以及联合社的相关争论等做了详细的文献综述。结合已有研究，本书提出了具体的分析框架，并在此基础上对本书的研究主题进行深入分析。

（2）问卷调查法。问卷调查是基于研究正式开展前的调查问卷开展实地的研究调查，尽可能获得更多的资料。调查问卷包括两大部分：合作社问卷和成员问卷。为了使问卷更好地体现研究内容和对本书的应用价值，笔者首先在进行合作社调查前进行了两次预调研，对调研中发现的问题予以补充，并去掉不符合研究需要和实际情况的问题，从而提高问卷的质量。问卷前后修改过四次，最终和本书的研究内容做到高度一致。

（3）案例研究法。由于本书的研究主体是一个典型的合作社示范社，因此本书采用了案例研究的方法，对相关的论点进行具体的论证。因此，案例研究的方法对于本书而言具有非常重要的作用。笔者将以这种方法贯穿整个研究。笔者选取北京延庆县北菜园有机蔬菜合作社（联合社）为研究案例，并于 2014 年 7—8 月、2015 年 3 月、2016 年 9 月分别对合作社进行了实地调研。根据北京“十二五”农业规划，北京延庆县是北京未来有机农业的主要发展基地，同时北菜园合作社是全国示范社（联合社），包括不同层级的社员类型，是能人带动型、从事种植业产加销一体化的多数合作社之一，因此案例具有较强的典型性。由于笔者的调查态度端正，调查效果良好，给合作社留下了良好的印象，并获得了合作社的信任，笔者有幸获取了北菜园合作社生产经营情况的时间序列数据（2007—2014 年），同时为了更好地展现社员利益实现的生动图景，在本书中的所有章节中都体现出案例研究的方法，尤其是在描述社员利益（包括经济利益、政治权利）中使用了丰富的案例予以详细的描述分析。需要说明的是，本书分析所采用的用于描述分析合作社整个发展过程中的社员利益状况变化以及不同成员的利益分配情况的访谈个案均来自本人的实地访谈，访谈对象主要涉及 40 名合作社普通成员以及 14 名合作社核心成员，具体包括：北菜园合作社理事长、绿菜园合作社的社长、从事有机蔬菜一线生产的社员、负责有机蔬菜生产管理的组长、负责有机蔬菜销售的部门经理、负责具体财务工作的社员等。通过对这样一个典型案例的调查，可以更好地从微观层面对合作社发展过程中不同层级社员权益变化的主题进行全面深入的描述和分析。

（4）历史和现在，宏、微观相结合的研究方法。本书利用的数据集既有宏观层面（农业部经管司经管总站农村经营管理情况统计年报）又有微观层面（北菜园有机蔬菜产销专业合作社的典型调研）。其中，宏观数据集的时间跨度为2008—2014年，微观数据的时间跨度为2007—2015年，宏观数据和微观数据的时间跨度基本一致，这样一个基于较长跨度，既宏观又兼顾微观的多个数据集，使得我们能够很好地进行一个历史的追溯，在分析中做到宏、微观相结合，从而很好地做到高宏观视野下的微观研究。

1.7 可能的创新

基于已有的研究，本书的创新之处具体体现在以下几个方面。

（1）研究内容创新。目前，在已有的组织结构、制度安排与社员权益的研究中，很少有考虑区别对待合作社核心成员和普通成员在参与和利益分配方面的权益变化和考虑名义和实际的组织结构、管理制度对社员权益的影响。本书正是在这样的情况下对联合社予以重点研究，强调成员的异质性，并在名义和实际的视角下进一步研究合作社的组织结构、管理制度与社员权益。

（2）研究范围更加广泛。不同于以往的研究，本书的研究范围包括核心成员和普通成员，在这两类成员中又区分为合作社一线社员和非一线社员。尤其是在描述农民经济权益状况及其影响机制中，本书在重点分析菜农的经济权益的同时，也关注了其他一线社员和非一线社员的经济权益，有效拓展了研究范围，做到了和合作社实际数据相吻合，同时通过不同社员的案例也更加清晰地展现了社员权益变化。

（3）研究方式的整合。关于合作社的研究，已有的实证研究主要是基于合作社样本的随机抽样调查，而这种抽样调查又主要以横截面和小样本数据为主，而他们的关注点主要是一些财务数据或一些生产数据，缺少对合作社社员本身的关注，基于此，本书除了从宏观上对整个合作社的一个长期发展进行了跟踪研究，还对社员个人进行了长期的跟踪调查，做到了既宏观又微观、既静态又动态，更加深入全面地了解在合作社的组织结构和管理制度的影响下，社员的权益是否得到了有效的保护。

第二章　文献综述与分析框架

2.1　合作社和联合社的发展概况

根据农业部经管司的最新公报①，2014 年我国 30 个省、区、市（不含西藏和港澳台）的农民专业合作社发展情况为：合作社的成员人均数达到 50 人，其中 87% 为普通成员，体现出农民在合作社中的主体地位；种植业合作社占到所有合作社的 1/3，是所有类型合作社中占比最大的，同时，粮食生产合作社的数量也呈现出快速的增长；按照合作社的经营服务内容划分，有一半以上的是产加销一体化的合作社；按合作社的领办牵头人划分，能人领办的合作社超过 90%；合作社的可分配盈余实现快速的增长，其经营服务总值达到历史新高（1 万亿元）。

目前，在我国政策的积极引导和合作社发展的实际需求的双重推动下，我国联合社的发展较为迅速。从联合社的实际发展情况来看，首先联合社的联合形式是一种松散的联合，未来会逐渐

① http：//www. moa. gov. cn/sjzz/jgs/jggz/201506/t20150629_ 4722585. htm.

向更加紧密的联合转变，这也是我国联合社未来发展的必然趋势。其次，联合社在实际的生产经营中主要依靠某一个核心基层社，造成一社独大的现象，影响了联合社与基层社之间的关系，由于我国联合社还属于初步发展阶段，联合社在实际运行中依赖于某个核心基层社的现象会长期存在。

2.2 合作社组织结构

根据第一章的概念界定，本书从两个方面，即“三会制”法人治理结构和经济组织结构对合作社组织结构的有关研究进行梳理。

2.2.1 “三会制”法人治理结构

公司法人治理结构（Coporate Governance Structure）一词起源于西方经济学，是指由一套组织结构严密的自然人来治理公司而形成的组织结构体系（贾和亭，1996；张晓霞，2006）。公司法人治理结构的特征是分权制衡，这种结构的设置目的是以权力制约权力（权力制衡），它涉及内部机关权力的来源、运作和权限，也规定了内部机关及其成员的权责利，从而保障公司能够在不背离股东目标的前提下有效运转（李春景，2002；王玮、刘莲花，2004）。随着我国现代企业制度的正式建立，大多数公司都具有三权分置的法人治理结构。现代企业的法人治理结构是在企业中建立“三会”，即建立董事会、监事会和股东代表大会，其核心内容是决策、执行、监督相分离，其目的就是防止“内部人控制”（陈淮，2004；张成福、杨兴坤，2010）。

合作社的法人治理结构是在公司法人治理结构的基础上建立的，以实现社员的利益最大化为最终目标，按照决策、执行、监督职能对应设计的“三会”，包括成员大会、理事会和监事会（李静，2013）。构建合作社法人治理结构，需要使合作社各个利益主体间的权利和义务保持均衡，尤其是平衡社员民主控制和经营者之间的利益（赵德成，2007；章群、牛忠江，2011）。合作社法人治理结构的内容包括：建立起清晰的产权关系，并在此基础上设立社员大会、理事会、监事会等法人机关，通过法人机关之间的权力分配和相互制约实现法人治理的平稳、有效运转（白晓明，2010）。法人治理结构决定法人组织为谁服务、由谁控制、利益和风险在相关利益集团中分配等一系列根本性问题，农民专业合作社法人治理结构的制度设计按照决策、执行、监督三大职能设立，分别对应的是合作社社员大会—理事会—监事会的三个主体的治理结构（梁剑峰、李静，2015）。

合作社的法人治理结构借鉴了公司的法人治理结构，但是和公司的法人治理结构是有本质差别的。首先，合作社的股权结构（也称产权结构）与企业不同。合作社的产权结构包括所有权、决策权和剩余分配权（黄胜忠、徐旭初，2008；周春芳、包宗顺，2010；陆倩等，2016）。在所有权方面，合作社坚持民有，即成员广泛享有股权，而公司的股权集中度较高。在决策权方面，使用者控制的原则要求拥有投票权的主体使用者是社员，并且通过民主的决策程序来保证成员掌握实际控制合作社的权利，即坚持“一人一票”原则，而公司坚持“一股一票”原则。在剩余分配权方面，合作社的剩余收益主要基于惠顾额分配，而不是基于成员投资的比例（Dunn，1988；Royer，1992；Cook and Plunkett，2006）。其次，企业的股权是可交易的，而合作社的股权的可转让性是较低的。相比而言，公司的股权可以实现转让流通，尤其是公司上市后更容易交易。

合作社的法人治理结构与公司的法人治理结构在产权结构和股权转让交易方面存在差异，其原因主要有：在产权结构方面，合作社的“合作社惠顾者与使用者同一”经典原则（本质规定）要求合作社采取成员所有的所有权结构，正如1992年德国学者哈内尔（Hanel）所指，合作社不能突破“所有者与惠顾者同一”的本质规定，突破后社员将疏远与组织的关系，社员会成为一般的顾客或业务伙伴，而合作社就会转变为公司（邓衡山、徐志刚，2016）；按照国际合作社联盟规定的合作社原则以及我国《合作社法》的相关规定，合作社实行民主管理，民主决策满足成员资格的利益控制，所有成员有权投票，这就决定了我国合作社要通过社员代表大会实现“一人一票”的表决机制；合作社的“按惠顾额分配盈余”的本质规定也决定了合作社的剩余分配结构有其特殊性。在股权交易转让上，合作社的社员资格固定了股权，使其不可转让，即：社员缴纳的入社股金不能转让给他人。当社员不享有合作社为其提供的服务或不和合作社产生实际的业务往来时，社员才可通过自愿退社来获得入社股金。

由以上原因可知，合作社的本质规定决定其采取不同于企业的法人治理结构。然而在实际发展中，合作社是否应该严格遵循其本质规定，学者们在这个问题上一直存有争议。一些学者认为合作社应该按照其本质规定来发展，原因是我国合作社在实际发展中已经与其本质性产生了偏离，作为一种合作经济组织，合作社已经产生了异化，并且实际发展中大多数合作社都不是“真正意义”上的合作社（苑鹏，2001；应瑞瑶，2002；潘劲，2011；邓衡山、王文灿，2014）。另有一些学者认为国际上公认的标准并不符合中国的国情，因此不能作为合作社发展偏离本质性质的评判方式。如：应瑞瑶（2002）和徐旭初（2012）指出，对农业合作社的本质规定应采取更为灵活的态度，合作社实践可以在一定程度上偏离经典合作社的原则。吴志雄（2004）和徐旭初（2006）指出合作社的原则不是由某种理念所决定，而是由实践中需要的组织结构、成员经济利益和经营机制决定。黄祖辉、邵科（2009）进一步提出我国农民专业合作社的本质规定发生漂移具有必然性，这种漂移的发生不需要强制性的干预，通过合作社的章程，社员可以自主选择是否允许和在多大程度上允许这种漂移的发生。

2.2.2 合作社经济组织结构

本书中的经济治理结构是经营主体实际运行中的组织结构。关于企业实际运行中的组织结构，学者们进行了一系列的概念界定，潘文灏等（1998）将企业的经济治理结构划分为直线职能部门制组织结构、事业部门组织结构和控股公司制组织结构三种基本类型；林志扬（2003）将企业的经济治理结构定义为按照权责利相统一的原则，为了更好地激励并约束企业内部各种利益主体的行为，企业中每位成员的工作关系通过分工、协作的视角来规定，通过一种连接关系（目标—手段）形成的企业组织结构形式。于斌等（2009）将企业实际运行中的组织结构定义为在实现企业目标的前提下，企业全体员工通过分工协作，在职务范围、责任、权力方面所形成的结构体系。郑勇、徐荣华（2013）认为，企业的经济治理结构是企业组织内部各个有机构成要素相互作用的联系方式或形式。在此基础上，少数学者对企业实际运行中的组织结构的演进做了进一步研究，如威廉姆森（1975）在《市场与层级制：分析和反托拉斯含义》中将企业的经济治理结构的演进过程划分为古典型、U 形、H 形、M 形等形式，而后发展成超事业部结构。李东红（2000）按照企业发展的不同阶段，指出企业的经济治理结构经历了企业初期简单的组织结构形式，即企业内没有设立不同类型的职能部门，通过业主的随机分派来进行集体的协作和分工，企业员工间没有明确的分工，结构形式呈扁平特征；随着企业规模的逐渐扩大，企业内拥有了职能管理部门和相应的职能管理人员，增加了管理层次，结构形式由扁平式向层次叠加的金字塔形转变；随后企业采取了事业部制，这种治理结构使得企业的重心下移，但仍然保持了以纵向为主、辅之以横向协调的金字塔形的组织形式。

对于合作社的经济治理结构，目前学界对此研究的较少，基于此，本书进一步描述和分析了合作社在发展的不同时期所采取的经济治理结构。

2.3　关于“三会制”法人治理结构的研究焦点

2.3.1　“三会制”法人治理结构的“名”“实”偏离与原因解析

我国合作社在实际的发展中，存在法人治理结构的名实偏离。表现为：合作社只是在工商部门登记时提交的文件中说明设置了三会（理事会、监事会、成员代表大会），实际并没有建立“三会制”，虽然有些合作社设立了三会制，但在合作社实际的经营管理中没有发挥应有的作用（梁剑峰、李静，2015）；有些合作社的社员大会、监事会和理事会几年都没有开过一次会，甚至有些合作社不开会（李静，2013）；有些合作社的理事会在实践中通常不按规定时间召开社员大会，甚至直接代替行使社员大会的权力（白晓明，2010）；少数合作社没有按照《合作社法》的规定来设置监事会，多数合作社的监事会并没有充分发挥其监督效力，实际上是形同虚设（于会娟、韩立民，2013）。

对于“三会制”法人治理结构的“名”“实”偏离的原因，学者们并没有对此进行系统的研究。因此，本书试图对“三会制”法人治理结构的“名”“实”偏离原因进行深入分析。

2.3.2 关于联合社的争论

目前，国内联合社的研究正处于起步探索阶段，关于联合社的争论主要体现在四个方面，包括：联合社的发展道路、联合社的设立原则、联合社的立法、联合社的成员资格问题。

（1）联合社的发展道路。合作社联合社的发展是应该采取自下而上还是自上而下的发展道路，国内学者一直对此问题争论不断（苑鹏，2008）。一种观点认为联合社应该坚持“自下而上”的发展道路，如：蒋晓妍（2010）指出，在我国农民人数众多且农产品具有明显地域差异的国情下，“自下而上”地组建合作社联合社，更符合我国的现实国情。张娟（2012）认为，农民合作社发展起来后才出现了联合社，它是应合作社自身发展需求而形成的，因此采取的是一种自下而上的发展道路。杨群义（2012）提出，合作社（基层社）自愿联合组成了联合社，它有三种形式，即同行业基层社自愿联合成立的同业型联合社、同地区的不同行业的基层社自愿联合成立的同域型联合社、为了开展某类服务活动，同地区不同行业的合作社自愿联合成立的同项型联合社，这三种类型的联合社都遵循了自下而上的发展道路。周振等（2014）指出，由于包括农户和合作社在内的利益团体内部及相互间的利益具有一致性，联合社通过自下而上的方式得以组建。牛立腾、周振（2014）提出，作为我国农民合作组织的一种新生事物，联合社的发展走的是自下而上的道路。

另一种观点认为，联合社的发展没有统一的模式，需结合实际情况。如：联合社不一定要遵循自下而上的发展道路，关键在于联合的需求是否来自基层社，在于独立、自主、民主的合作精神是否能在联合社的运行中得以贯彻（方云中、王祥，2011）。徐小平（2007）亦认为，我国联合社模式不是限制型的，应当是自由型的，即在确定合作事业的区域范围和选定联合对象方面，各参与联合的主体应自主决定，同时在成立地方的联合社和全国的联合社方面，各参与联合的主体也应自由抉择。

值得注意的是，无论合作社采取何种发展模式，都要顺应各基层合作社的需求，并且要在此基础上充分释放农民企业家的潜能，因为这些具有企业家才能的领导者是推动联合社成立的关键因素。

（2）联合社的设立原则。我国的联合社在设立时常常表现出较大的随意性，缺少设立方面的统一规范，使社员的相关权益难以得到落实，因此，学者们对联合社的设立原则展开研究，并出现了一些意见分歧。一些学者主张联合社应采用可设立主义的设立原则。如：联合社的设立，须在得到主管部门或相关审批机构的批准后，才能向登记机构申请登记，因此采取可设立主义——一种更为严格的设立模式，不但可以保护社员利益，还可以维护市场的交易安全（林滢、任大鹏，2010）。

另一些学者认为联合社应保持和国际设立原则的一致性，同时结合国内实际情况，需要采用准则主义的设立原则。尹腾腾（2012）认为，联合社是各个合作社（基层社）根据其发展需要自愿出资共同组建的一种互助型经济组织，其实质仍属于合作社的范畴，因此对联合社的设立应采用与合作社相同的准则主义。苑鹏（2013）提出，联合社应参照农民专业合作社的相关设立制度进行登记注册。

（3）联合社的立法。由于我国的《合作社法》没有对联合社进行法律层面的引导和规范，导致联合社在立法上出现了空白，从而使联合社的立法处于争论之中。而在联合社立法诸多的争论中，联合社是否具备法人资格一直是其中的焦点。

目前，就联合社的法人属性问题，学术界仍未达成共识。法人应具备四种条件，包括"依法成立；有必要的财产或者经费；有自己的名称、组织机构和场所；能够独立承担民事责任"（《民法通则》，第37条规定）。由此可知，联合社能否取得法人资格，主要须具备两个方面的条件：拥有必要的财产或者经费及拥有独立承担民事责任的能力。一些学者，如：储成兵（2011）、万溦等（2013）、蔡晓琪（2015）认为联合社应该获得法人地位，原因是：根据联合社的资金来源可知，联合社"有必要的财产"；

联合社拥有独立的法人资格的重要前提是其具备独立的责任能力。如果在特定资本方面，联合社对其有独立的支配权，相应的债权人就能以联合社自有资本的形式实现债权，基层社只是以其在联合社中的出资为限度来承担其对联合社的责任。

还有一些学者提出不同的观点，如：苑鹏（2013）、张晓山（2009）认为联合社是否获得法人资格要根据实际的组织属性予以区别对待，对于对内开展基层社的业务指导、对外代表基层社维权的具有社团性质的联合社不能给予法人资格，对于开展经营服务的具有企业性质的联合社亟须赋予其法人资格。

由于我国目前没有明确的法律规定来明确联合社的法人资格，所以联合社的法律地位不能得到确认。同时，一些省市虽然出台了一些关于联合社的法律政策，但是多数没有对联合社的法人资格予以明确，只有少数省市（如江苏、北京）明确规定联合社可以依法取得合作社法人营业执照。因此，亟待对符合条件的联合社予以独立的法人资格。

（4）联合社的成员资格问题。关于联合社成员资格问题，学者间一直存在争议，争议的关键点在于是否允许企业加入合作社联合社。一些学者认为联合社可以允许企业加入。如：尹腾腾（2012）提出，联合社在成员构成上要以合作社为主体，但是为了适应市场经济的发展可以适当吸纳上下游链条上的企业、公司加入，但在其成员的构成比例上，合作社不应低于80%。周振等（2014）和孔祥智（2016）认为联合社应允许企业加入，理由是：在我国，大部分到工商部门登记注册的联合社在实际中已经呈现成员主体的多元化（有一些非合作社成员加入），如果重新修订的法律不允许联合社主体实现多元化，会对联合社的发展造成不利影响；允许非合作社主体加入联合社，可以合理流动、优化配置农业资源要素，相比合作社的单纯联合更好；联合社在实际发展中的构成包含多个主体（包括合作社），这样可以使各类主体的优势得到充分发挥；联合社允许企业等多元主体加入，各个主体的权益在制度设计上完全做到均等化，如果在注册环境上能够严格审查并跟踪管理，不断提高人们的民主管理水平，就完全可以在实践中逐步消除异化现象。另有一些学者认为联合社不应允许企业成为成员。如：农民专业合作社联合社发展研究课题组（2014）指出，联合社应是合作社之间的联合，而不应由企业和个人作为成员，确需参加的，可通过参与或领办进入联合社。谭智心、张照新（2016）提出，联合社作为合作社的联合体，应严格其成员资格，这样既有利于真正实现民主管理，也可以通过交易量返还等方式，使每位成员都能受益，同时《合作社法》已经为企业加入合作社提供了通道，不允许企业加入联合社不会对企业与合作社合作带来障碍。

从现实的发展情况来看，合作社在建立之初就已经将公司内化于其组织结构中，多呈现"公司+合作社"的经营模式，因此当合作社成为联合社时，应坚持以合作社为成员的标准，否则会违背合作社的基本法律规定，即保证以农民为主体（80%及以上）。

综上所述，学术界缺乏对联合社"三会制"法人治理结构构建的争论，如：联合社要不要建立"三会制"法人治理结构？如果联合社建立"三会制"的法人治理结构，联合社要和加入的基层社之间形成何种关系？

2.4　合作社的组织结构对社员权益的影响

2.4.1　“三会制”法人治理结构对社员权益的影响

（1）“三会制”法人治理结构对社员权利的影响。目前，国外学者主要从决策权和剩余分配权两个方面来进行分析。关于决策权对成员权利的影响，学者们认为合作社在异质性的结构中会花费较高的决策成本（Cook，1995；Cook and Iliopoulos，1999；Gripsrud et al.，2000），因此合作社在核心成员和普通成员的能力具有差异的情况下，尤其是认知能力的差异决定了他们不同的决策控制，合作社会形成一种特殊的平衡的决策结构，即中心—外围结构，核心成员比普通成员有更多的决策权，而普通成员由于对成功影响决策的预期较低，也会放弃一些对决策权的控制（Rousseau and Shperling，2003；Hojman and Szeidl，2008）。关于剩余分配权对社员权利的影响，学者们已经将剩余分配而引起的机会主义所带来的代理问题作为衡量机会主义行为的标准方法（Holmstrom and Milgrom，1991；Waterman and Meier，1998）。在此基础上，学者们对剩余分配权对成员权利的影响进行了进一步分析。如：Vitaliano（1983）认为，作为经济组织的合作社，其剩余分配权被限定在合作社契约框架下的惠顾代理群体中，而且这些选择性权利不能在市场上进行交易，这就会使具有资本市场特征的信号不能向合作社传递，合作社的成员难以保证管理层人员按照其利益运作，合作社具有非常明显的代理成本。Staatz 和 John（1985）指出，合作社管理成员的行为不会通过市场价值的反映而获得有效监督，也不会有其他收购者来挑战；由于缺少二级市场，合作社限制了成员（惠顾者）优化其投资的组合方案，合作社的成员因此更趋于规避风险；成员（惠顾者）只有在其惠顾时才能体现所有权。由 Staatz 的分析可知，合作社由于一些方式的限制（如不能使用股权认购和股权激励），成功的管理者不能得到相应的酬劳，决策管理因此难以有效执行；随着合作社不断扩大其组织规模，合作社管理人员逐渐偏离于合作社价值，成员间不明晰的角色分工和成员监督管理人员的有限能力，合作社比其他组织有更加突出的代理问题（Malo and Vzina，2004）。Royer（1999）指出，由于合作社没有股份交易市场和股权激励机制，委托—代理问题在合作社内会更加严重。缺乏股份交易市场使成员难以有效监督合作社管理者的行为，以及对合作社的价值进行评价，同时缺乏股权激励机制会使合作社难以吸引、留住杰出的管理者，并且使管理者拥有将合作社变为企业（投资者所有）的动力。他还指出，随着合作社规模的不断扩大以及合作社消费者导向特征的呈现，生产者导向型的理事会将失去监督合作社管理者的效力。

国内学者主要从所有权、决策权两个方面来分析合作社的法人治理结构对社员权利的影响。关于所有权对社员权利的影响，主要从剩余控制权和剩余索取权两个方面来予以分析。林坚、黄胜忠（2007）通过研究发现，合作社形成的核心成员和普通成员的异质性社员结构使核心成员拥有合作社生产经营上的自然控制权和主要的剩余控制权，而普通成员的剩余控制权相对有限。邵科、徐旭初（2013）指出，我国合作社由于缺乏长久的民主治理实践，以理事长为首的少数能人掌握着核心的稀缺资源，使核心成员拥有绝对的剩余控制权，普通成员难以通过管理参与获得足够的权利。关于决策权对社员权益的影响，马彦丽、孟彩英（2008）通过合作社的双重委托—代理关系的研究发现，合作社的大股东通常是实际的经营者，他们做出各种管理决策，处于合作社的核心地位，而以中小农户为代表的普通成员则处于依附、被控制的地位，因而形成了核心—外围的决策结构。张雪莲和冯开文（2008）也注意到现阶段我国合作社成员间的异质性问题，在这样的异质性结构下，核心社员掌握多数决策权，而多数普通成员没有参与决策，应在后期发展中促进普通社员参与决策。颜华、冯婷（2015）指出，作为合作社其中之一的所有者，普通成员应该对核心成员采取部分委托，而不是完全委托的方式，成员代表应由普通成员选出并参与合作社实际运营管理中的重大决策，而核心成员在代理合作社事务时，应该把重大决策在成员大会上进行公开讨论并作出决策，从而保持普通成员与核心成员之间的信息对称。陆倩等（2016）认为合作社的主要负责人（理事会成员或监事会成员）通常由主要的出资人发展而来，这些核心成员掌握着合作社的主要决策权，因此普通成员难以参与合作社的决策。

（2）"三会制"法人治理结构对社员利益的影响。国内学者主要从剩余分配权来分析法人治理结构对社员利益的影响，如：大部分合作社从成立伊始就具有少数的核心成员占有大多数股份、多数的普通成员占有小部分股份甚至没有股份的现象，大股东（关键性生产要素的持有者）在合作社中拥有绝对话语权，使核心成员获取的利益远大于普通成员（黄祖辉、邵科，2009）。占有合作社多数股份的少数核心成员（如理事长）在进行合作社的盈余分配时，可以按照入股比例分到合作社大部分的经营利润（周春芳、包宗顺，2010）。孙亚范（2011）通过对江苏省205个合作社的实证研究发现，在合作社股金集中于少数大股东和团体成员的前提下，合作社的盈余分配呈现过度向资本倾斜的特征，核心成员作为资本的主要贡献者需要获取更多的合作收益。应瑞瑶等（2016）指出，我国合作社的成员异质性使合作社在盈余分配中采取按股分红的比例较高，而按交易量返还的比例较低，但是目前多数合作社采取按股分红的利益分配方式有现实的合理性，在一定程度上可以让合作社核心成员获得其对合作社资本贡献的回报，而这种资本在农村具有稀缺性和难以替代性。崔宝玉等（2016）提出，合作社的发展路径以股权相对集中、成员呈异质性为主要特征具有一定的合理性，这两种特征并不能说明合作社在利益分配上会损害普通社员的利益，核心成员收入的提高并不意味着普通社员的收入一定降低。

从已有的对合作社组织结构对社员权益的影响研究可以看出，在普通成员的权益保护上一直存有争议。从合作社的所有权和决策权对社员权益的影响来看，学者们认为合作社应该保护普通社员的权益，表现为在现阶段我国合作社的发展主要依靠核心成员，应该首先保证他们的权利，在合作社发展的中后期应该对普通成员的权益予以保护。而从合作社的剩余分配权对社员权益的影响来看，学者们认为合作社实际运行中的向核心成员倾斜的利益分配具有现实的合理性，因此不应过多关注于普通成员的权益保护。

2.4.2 经济组织结构对社员权益的影响

关于经济组织结构对社员权益的影响，学者们主要从合作社的规模和专业分工两个方面予以研究。关于合作社的规模对社员权益的影响，学术界一直存有争议。一些学者认为，合作社的规模越大，越有利于保障成员利益。如：樊丽明、解垩（2010）指出当合作社规模扩大时，可以吸引更多的企业等团体成员加入，有利于提高合作社的生产经营水平，并有助于农产品销售，更好地起到带动社员增收的效果。杨光华、朱春燕（2014）提出，随着合作社的规模扩大，合作社的任务和目标得到细化，并根据现有条件设置相应组织机构，在成员数量方面进行严格控制，从而稳定组织绩效，有利于保障社员经济利益。另有一些学者认为，合作社扩大规模并不利于成员利益的保护。如：国鲁来（2005）提出，扩大合作社的规模可以对合作社的绩效起到积极的促进作用，但是增加了成员数量，会弱化社员的民主和监督权。王军（2010）提出，合作社扩大规模会使成员数量增加，从而导致成员间更多的利益冲突。李丽、徐明峰（2014）指出，合作社要保持适当的规模，因为社员数量过多会对合作社经济效益产生负面影响，从而对社员的经济利益产生不利的影响。

关于专业分工对社员权益的影响，少数学者对此进行了研究。如：刘自敏、杨丹（2013）通过对我国六个省的农户调查数据进行分析，发现合作社可以促进农户参与农业生产环节上的分工，通过参与分工使农户获得更高的分工净收益；谢琳、钟文晶（2016）指出，我国大多数合作社由于没有对职业经理人等后续的交易型分工进行发展，使其在社会化分工上有较高的交易成本，从而不能分享分工经济，对农户的经济利益产生了一定的影响。

2.5 合作社的管理制度

根据第一章的概念界定和内容划分，本书分别对生产服务管理制度、分配管理制度和民主管理制度作进一步的内涵说明。

2.5.1 生产服务管理制度

合作社是具有服务功能的一种经济组织，通过自身的服务功能，可以对小农户和大市场的矛盾予以有效解决，使交易成本和生产经营的风险降低，并且提高产品的附加值（高钰玲，2014）。根据法律相关规定，合作社要为其社员提供农资服务、加工存储服务、农产品销售服务、农产品运输服务和技术信息服务（《合作社法》，2007 年）。在此基础上，本书侧重于研究合作社在生产环节上的管理服务制度，因此将合作社的生产管理服务制度定义为合作社在生产的整个环节上所制定的有关农资供应、生产服务、加工存储服务、技术服务、销售服务的一系列规定。

2.5.2 分配管理制度

合作社的利益分配制度是合作社分配管理制度的核心制度，也是合作社企业家的治理、合作社治理机制以及合作社产权的体现和折射，更是合作社经济效益发展的反映（孔祥智、周振，2014）。本书中所指的分配管理制度主要是指合作社在实际运营中所执行的有关利益分配方面的一系列规定。

2.5.3　民主管理制度

合作社的民主管理制度，核心是合作社的成员均享有平等的投票权，主要体现在成员资格（而非财产权）是成员权利的来源。在此基础上，本书将合作社的民主管理制度定义为最终控制成员参与权、知情权、投票权和决策过程的一系列规定。

2.6　合作社管理制度对社员权益的影响

2.6.1　合作社生产服务管理制度对社员权益的影响

关于合作社生产服务管理制度对社员权益的影响，学者们主要从农资购买服务制度和信息技术服务制度两个方面来分析。关于农资购买服务制度对社员权益的影响，学者间存有一定的争议。一些研究指出，合作社制定的农资统购制度可以让社员谋得更多的经济利益（何慧丽，2007；何洲，2011）。另有一些学者认为，现实中能够按照农资购买服务制度对社员提供购买农资服务的数量较少，大多只停留在牵线购买层面，是一种浅层次的服务，甚至有些是虚有其名，不利于农民经济利益的改善（宁攸凉等，2011；朱哲毅等，2016）。关于信息技术服务制度对社员权益的影响，一些研究达成了一致的观点，认为构建以农民合作社为载体的科技服务制度，在实践中真正实现对社员提供科技方面的服务，可以帮助成员解决实际生产中的技术问题，有助于成员增收（石绍宾，2009；姜绍静、罗泮，2010；黄建新，2014）。

2.6.2 合作社分配管理制度对社员权益的影响

关于合作社的分配管理制度对社员权益的影响，学者们主要侧重于研究利益分配制度（包括财务管理制度）对社员权益的影响。如：马丽岩、李彤（2008）认为合作社制度的核心内容是利益分配制度，但目前管理控制问题在合作社较为普遍，使合作社的利益分配向核心成员倾斜，很少对普通社员实行按交易额返还盈余。郑丹（2011）提出，目前多数合作社在分配上以按股分红为主、惠顾返还为辅，大部分利润由核心成员所得，普通成员只能享受合作社的优惠生产资料供应、技术服务及很少的二次返利，普通成员的权益难以得到保证。通过调查湖北多个合作社的利益分配发现，多数合作社利益分配程序不太规范，一方面是没有可分配盈余返还；另一方面是没有按相关要求对国家的财政补助进行财务处理，这对成员的利益产生负面影响（邓军蓉等，2014）。冯开文（2003）通过对山东烟台市农业合作社的调查研究，发现不少合作社和社员不了解合作社的分配制度，不知道什么是股金分红和利润返还，且利润返还的比例、股金分红的比例、公益金和公积金的比例毫无规律可言，认为现有的合作社利益分配制度不能真正保障普通成员的利益。随着我国合作社的快速发展，加强建设合作社的财务管理制度，对于增加社员收入以及保护成员合法权益具有非常重要的作用（王玉华，2015）。由于目前合作社没有建立完善的财务管理制度，使社员实际的参股比例受到影响（崔宝玉，2009），同时合作社的财务管理制度不能完全公开，社员不能了解合作社的实际经营情况，会在一定程度上影响社员的收益（李永莉，2011；吕建灵、郝少英，2009）。财务管理对合作社有极其重要的作用，一套科学的财务管理制度可以让合作社实现有效管理，并使成员获得足够的监督权。我国的财务管理制度在实现规范化方面还存在一定难度，包括现代会计制度难以实施和普遍缺失社员的账户内容，会对社员的权益产生不利的影响（郑鹏、李崇光，2012）。合作社在具体的实践中，其财务管理的效果并不理想，原因是财务管理制度不够健全，即使有些合作社制定了财务管理制度，但通常难以完全执行（张国富、范亚东，2013）。李尚勇（2011）指出，农民合作社的制度初衷是帮助小农增收，使全体成员可以平等分享合作社利润，而现实中却存在大户、大股东掌控合作社损害普通社员利益的情况，具体表现为合作社的利益分配由"能人大股东"决策，且在利润分配上很少能够真正按照法定比例进行"二次返利"。蔡荣（2012）指出，合作社的利益分配制度安排是合作社的一个核心问题，通过对山东省135家苹果专业合作社的调查，发现利益分配制度是否兼具效率和公平是合作社能否实现组织均衡的关键，同时合作社剩余的分配存在于两个层次，即社员层面的利益回报以及合作社层面的利益分配。随着合作社经营规模的不断扩大，其会创造更多的合作剩余，但仍应警惕其在利益分配时向资本过度倾斜，并防止产品惠顾者的利益被资本贡献者所侵蚀。任大鹏，于欣慧（2013）指出，如果合作社在实际的发展中不遵循"二次返利"的原则，那么势必会背离"按惠顾额返还"的本质规定性，合作社的公平难以得到保证，合作社就会沦为少数核心成员实现自我经济利益最大化的一种工具，从而损害普通成员的利益。赵晓峰，刘威（2014）以财政项目为例，指出为了避免不必要的麻烦，很多合作社从申请项目到项目获批后，在资金的分配方面都不把有关的信息传递给普通社员，整个项目的运作都由核心成员来控制，普通社员无法分享由项目所致的政策性收益。

2.6.3 合作社民主管理制度对社员权益的影响

（1）合作社民主管理制度对社员权益的影响。关于合作社民主管理制度对社员权益的影响，一些学者也进行了研究。如：合作社在遵循“一人一票”的制度规定下，应该让社员能够公平地行使管理方面的决策权，并确定合作社的重要生产经营决策。但是，现实中比较普遍的现象是，合作社的决策权并不是在每个社员之间公平分割的，而是在管理者和普通社员之间形成了明显偏畸的决策权分割格局，管理者的决策权力远大于普通社员（张雪莲、冯开文，2008）。

国鲁来（2005）认为，合作社如果不能坚持民主管理，那么着力发展合作社的意义就不会存在，进而不能有效保护合作社成员的经济利益和民主权利。

（2）民主管理制度“名”“实”偏离及原因解析。对于我国合作社实际发展中存在的民主管理制度“名”“实”偏离的现象，少数学者对此进行了研究，如：苑鹏（2010）指出，我国合作社的民主管理更多的是停留在章程中和形式上，具体表现为成员大会的召开只是通知成员，成员的投票表决只是履行程序、走走过场。武光太（2013）提出，合作社在实践中并没有严格遵循民主管理制度，表现为合作社从来都不召开成员大会，虽然有的合作社人数较少（小于 150 人），也只是召开以核心成员为主的成员代表大会，并且这些所谓的成员代表也没有经过合作社全体社员的选举。徐旭初、吴彬（2010）指出，虽然合作社有一些民主管理方面的规定，但是由于核心成员对普通社员的影响较大，使社员（代表）大会在大多数情况下出现“选举不过是确认，讨论不过是告知，监督不过是附议”的现象。

对于民主管理制度的“名”“实”偏离，目前还没有系统的原因分析，本书试图在原因方面进行深入分析。

2.7 文献评述

关于合作社组织结构与管理制度对社员权益影响的研究，学者们已经就此进行了一些探讨分析，但是已有文献存在以下几个方面的缺陷。

第一，关于联合社的研究较少，且已有的研究更多关注的是联合社产生发展的原因以及联合社在实际运行中所面临的问题等，但是对于联合社的组织结构与管理制度及两者对社员权益的影响都缺乏进一步的研究。

第二，对于合作社组织结构和组织结构对社员权益影响的研究主要集中于合作社的“三会制”法人治理机构以及“三会制”法人治理机构对社员权益的影响，而对合作社经济组织结构的研究以及合作社经济组织结构对社员权益影响的研究还有待进一步深入。

第三，现有研究更多关注于合作社本质规定性的“名”“实”偏离，而对法人治理结构和民主管理制度的“名”“实”偏离研究较少。虽然已有的少数研究说明了合作社法人治理结构和民主管理制度发生“名”“实”偏离的具体现象，但只停留在现象层面的阐述，并没有对组织结构和管理制度的哪些组成部分产生“名”“实”偏离作进一步的梳理和归纳，更没有对产生“名”“实”偏离的原因进行系统的研究。

第四，在合作社组织结构与管理制度对社员权益影响的研究中，很少有人考虑名义和实际的组织结构、管理制度对社员权益的影响。本书正是在这样的情况下突出了联合社，突出了成员的异质性，突出了以名义和实际的视角来研究这个问题。

2.8 分析框架

对分析框架的说明包含两个部分，一部分是本书所需要用到的主要理论，另一部分是本书的分析框架。

2.8.1 理论基础

（1）生命周期理论。根据生命周期理论，大多数的组织都会经历一个像生命体一样的从出生、成长、成熟再到死亡的过程。在出生的这个阶段，组织正处于一个初创阶段，一切都在摸索之中，在这种情况下它的规模较小，组织内部分工也较少，其协调控制相对单一，其发起人拥有绝对的控制权、话语权，其意志能够得到迅速完整的体现，其管理幅度较小，管理层级也较小，优点是能够迅速地应对市场或外部环境的变化，能够迅速地调整和做出反应，缺点是太过于集权，组织受“能人”或核心成员的影响太大。随着时间的推移，组织过渡到成长阶段，当在成长阶段的时候，组织的规模得以扩大，分工进一步细化，整个的效率产出提高，其管理幅度和管理层级扩大，然后组织的集权逐渐向分权发展，组织的结构逐渐由紧密的拳头式的结合向直线制、部门制发生转型，在这一过程中，组织中的“能人”进一步放权，组织的基层获得了更多的权限，随着整个管理组织的权、责、利的明确，组织的制度和文化得以飞速发展，企业的创新能力不断增强。当组织发展到成熟阶段时，组织的规模达到最优，组织在市场中有更强的竞争力和威望，这时管理层级也在增加，“能人”的管理幅度进一步缩小，只管理几个重要的部门，这时职业职能部门产生，同时组织出现了三权分离的治理结构，组织运行较为规范，组织有良好的制度、文化和创新，在市场中可以获得很好的成长。而组织此时相对较为稳定，组织的控制力相比以前有所降低，组织作出调整或反应的难度会增大，因为牵涉较多的人员和部门，另外人员和部门之间的协调较难，此时如果部门进一步扩张，会使组织的劳动生产率下降，反而使组织的经营效率下降。另外，如果在市场的变化中，组织没有跟进创新的潮流，有可能走向第四个阶段，第四个阶段就是组织的死亡阶段。如果进入死亡阶段，就意味着组织的没落和消亡，当然还有一种可能就是如果组织能够有一种新的技术突破，能够实现其主营核心部门质的飞跃，再一次经营成功，实现再一次创新，再次获得新的增长从而进入下一个周期。

任何组织的发展都有生命周期，合作社的发展也不例外，在生命周期的不同时期有不同的发展目标和特点，从而需要构建不同的治理机制（田艳丽，修长柏，2012；刘同山，孔祥智，2014）。梁巧（2015）指出，合作社需要经历创立期、成长期、成熟期和衰退期四个阶段，我国合作社大多处于创立期和成长期。在此基础上，本书结合合作社的制度变化，将合作社的发展时期分为合作社发展初期、合作社发展中期和合作社发展后期。

（2）委托代理理论。委托代理（principal-agent）的研究最早始于公司治理，后来委托代理理论被逐步用于研究合作社委托—代理关系。在合作社中，委托人是全体社员，而代理人是合作社的经营者。委托代理理论旨在解决当组织的目标、利益发生冲突以及各主体的信息不对称时，委托人应用何种方式和何种制度安排来实现自身的效用最大化，同时也让代理人能够实现其效用最大化，最终协调双方的利益关系。其中，制度安排也称契约（包括正式契约和非正式契约），正式契约是正式的具有法律效力的合同，非正式契约更多指的是一种行为规范，而在合作社的实践中，这种行为规范也有其重要的作用。

根据委托代理理论，本书主要关注合作社正式制度（包括生产管理服务制度、分配管理制度和民主管理制度）如何影响不同层级社员的经济利益，并说明合作社的这些正式制度对不同层级社员经济利益的影响结果。

（3）集权与分权理论。集权（centralization）是指决策权在组织系统中较高层次的一定程度上的集中。在做出关键的决策时，如果组织管理高层不能获得来自组织低层的输入，则表明组织的集权化程度较高。分权（decentralization）指决策权在组织系统中较低管理层次的一定程度上的分散，来自低层组织的成员能够提供更多的输入或做出更多的实际决策，则表明组织的分权化程度较高。集权—分权的划分是相对的，而不是绝对的；也就是说，任何一个组织都不可能是完全集权或分权的。

在早期的管理学者看来，情境决定了一个组织的集权程度。传统意义上的组织，其组织结构呈金字塔形，特点是管理的高层掌握了绝对的权力，这种集权决策结构在过去比较流行。然而，当今的组织呈现更加复杂的特点，其所处的动态环境要求组织必须予以快速的应对。在此情况下，组织的管理者需要授权于能够解决实际问题的层级来做出相应的决策，因此组织迈向了集权向分权转变的发展道路。

如今，管理者常常选择能够让他们更好地实施其决策并实现组织目标的集权或分权程度。不过，在一个组织内行之有效并不必然在另一个组织内有效，因此管理者必须为各自的组织以及组织内的工作单元确定合适的分权程度。

随着组织变得越来越灵活，并且更快速地应对外部环境中的发展趋势，如今已经出现一种向分权式决策的明显转变。

（4）公平理论。20 世纪 60 年代，亚当斯（美国）首次提出公平理论。其核心内容是个人在取得一定的成就并获取相应的报酬后，他不仅关注报酬的直接效果，也关注报酬的相对效果。通过比较，他确定了其是否获得合理的报酬，如果报酬合理将对其今后工作产生积极影响，如果不合理则作用反之。

如果个人认为报酬的直接效果优于间接效果，他会获得一定的满足感，但是随着时间的推移，其心理的变化会使其工作的积极性回到起初的状态。反之，如果个人认为报酬的直接效果小于间接效果，那么会导致个人对组织管理高层甚至整个组织的不满。而只有当报酬的直接、间接效果与他人相同时，个人才会有更多的激励，并产生一定的公平感。员工参照的对象包括三种类型：与自己从事类似工作的个体（他人），组织中关于薪酬的政策和程序（系统）以及员工在实际工作中所付出的比例（自我）。

对合作社而言，效率和公平一直以来都是学术界关注的问题。合作社的发展初期，核心社员以关键性稀缺要素的所有权为基础在合作社治理中居于强势地位，此时的合作社更追求效率，因为既可以保证稀缺要素所有者的积极性，也满足了一般农户的价格改进和技术指导等需求，有利于实现全体社员的帕累托改进。而在合作社发展中后期，随着合作社规模的不断扩大，核心社员和普通社员间的收益差距增大，普通社员普遍会有不公平感，这时需要相应的制度设计来平衡二者的关系，从而保证在注重效率的同时也保证公平。

2.8.2 分析框架

本书通过对合作社组织结构、管理制度与社员权益的相关制度追溯，在对我国合作社整体发展情况进行描述分析的基础上，以北莱园这样一个典型的示范合作社作为个案来研究合作社在发展过程中的组织结构的变化、管理制度的变化以及组织结构变化和管理制度的变化对社员的权益所产生的影响。在名与实的研究视角下，重点分析了合作社的组织结构和管理制度的名实偏离，并探究造成两者产生名实偏离的原因，并着重对合作社实际的组织结构和管理制度的变化进行描述分析，并在此基础上进一步研究合作社实际的组织结构和管理制度对社员权益的影响。在研究社员权益的过程中，同时也考虑了重要的核心成员和普通成员的权益变化。本书的分析框架如图 2－1 所示。

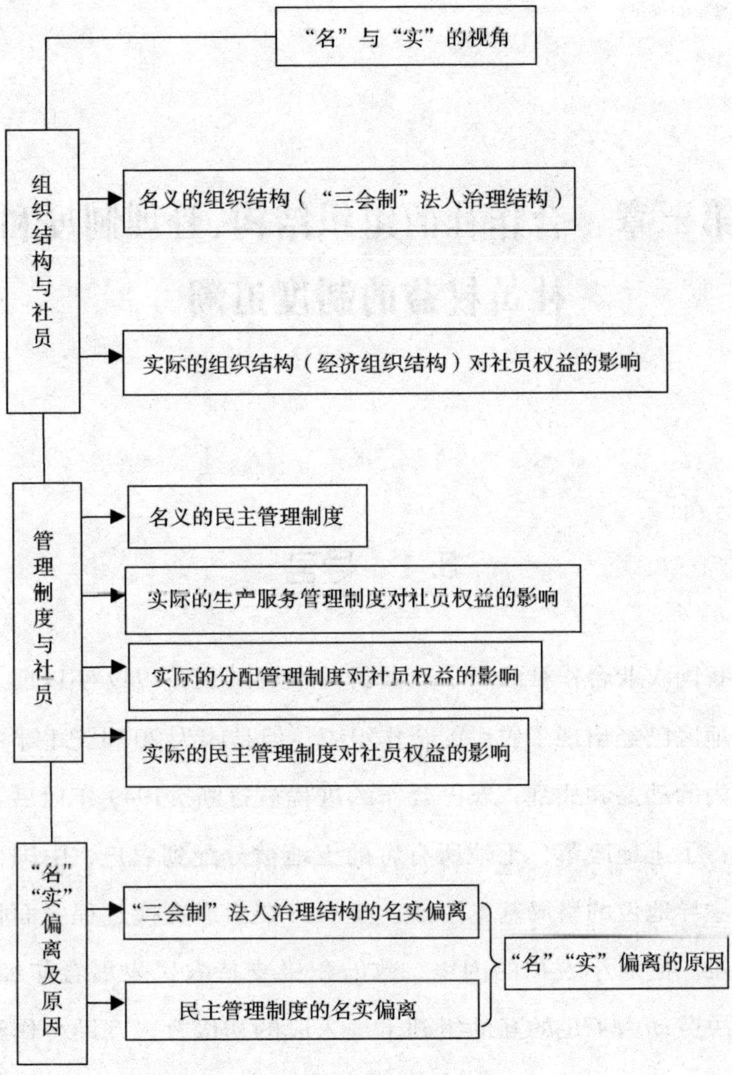
"名"与"实"的视角
组织结构与社员
名义的组织结构（"三会制"法人治理结构）
实际的组织结构（经济组织结构）对社员权益的影响
管理制度与社员
名义的民主管理制度
实际的生产服务管理制度对社员权益的影响
实际的分配管理制度对社员权益的影响
实际的民主管理制度对社员权益的影响
"名""实"偏离及原因
"三会制"法人治理结构的名实偏离
民主管理制度的名实偏离
"名""实"偏离的原因

图 2－1　本研究分析框架

第三章　合作社的组织结构、管理制度和社员权益的制度追溯

3.1　导言

我国农业合作社经历了较曲折的发展过程。1949 年以前，在部分地区已经出现了农民的合作组织，但是因为 20 世纪上半叶中国国内的动荡和战乱，农民合作的进程被打断。1949 年以后，农村进行了土地改革，土地所有者的土地被分配到农户，中国自耕农占主导地位的格局基本形成。小农户在生产交换过程中面临很多困难。面对小农户的困境，政府积极支持农民发展合作经济，从解决劳动力不足的互助组到土地入股的初级社，互助合作经历了一个过程。互助组一般由 5—7 家农户组成，这些家庭相互交换劳动力，在农忙时节，相互帮助，但各自的生产资料还是独立的。初级社则将土地入股，农户在分配的时候，按照土地和劳力的不同投入分配收入。在经过短暂的互助组和初级社以后，在政府推动下，农村迅速进入集体化时期。开始从初级社向高级社过渡，并迅速过渡到人民公社。在高级社时期，土地就开始集中，

农民在加入高级社以后开始参加集体的统一劳动，土地也不再享受分红。高级社是人民公社的雏形，在过渡到高级社不久就开始了人民公社。

从土地改革—互助组—初级社—高级社—人民公社，公有化的程度不断提高，但随之也带来了一系列问题。到了人民公社时期，具有以下特征。政社合一：政府与企业合二为一，表现为政府对农业生产经营的干预程度相当高，不仅在消费领域、销售流通领域执行统购统销，在生产领域种什么、怎么种、在什么地方种也一律由公社决定。每年下指标，这样的计划一直持续到20世纪90年代前后。一平二调（指分配制度）：一平就是分配上的平均主义开始出现，二调就是对生产队的劳力、财物无偿调拨。三级所有，队为基础（所有制、产权）：它是以生产队为基础的，由生产队所有，还由大队所有、人民公社所有，造成了对农民利益的侵犯。一大二公："大"是规模越来越大，办到最大的时候是以人民公社作为一个基本单位，后来发现不利于调动社员的生产积极性，这才退到"三级所有，队为基础"；"二公"是公有化程度越来越高，从个体过渡到集体，从小集体过渡到大集体，从大集体向国有过渡，这是当时人们认识的一个方向。

由此可知，改革开放以前，虽然中国也有所谓的合作社和其他的合作社（供销、信用、手工业合作社），但不是农民自发形成，更多是官方推动发展，因此真正意义上的合作社一直处于沉寂状态。与此同时，1978—1982年为中央政府力推"家庭承包经营"改革的关键时期，所以该时期的中央政策并没有强调规模经营，也就没有强调农业合作化。基于这两方面，本章以1982—2017年的历年"中央1号文件"和重要政策文件为研究对象，分时段系统梳理了合作社组织结构、管理制度与社员权益相关制度的发展情况，以期总结出变化的规律，并予以客观的评价。

3.2 合作社发展萌芽时期(1982—1994 年)

改革开放，实行家庭承包经营之后，农民的财产权得到承认，生产积极性极大提高，农民再次有了发展合作社的需求。1982—1994 年，我国农业合作社处于发展的萌芽时期。在组织结构方面，首先从供销合作社开始进行初步改革。农业合作社的建立，从整个世界来看，主要不是在生产领域，而是在流通领域（农业的产前和产后），因为生产当中的很多事情通过我们的家庭农场、农户可以得到较好的解决。随着人民公社的废除，包括供销合作社在内的其他合作社名存实亡。

十一届三中全会以来，中央高度重视农村改革，指示要深化农村改革，首先要求供销合作社由官办向民办转变（史超书，1996）。此时期的大多数政策文件均提出，要把供销合作社加快办成农民的合作经济组织，但是对合作社的三权问题并没有予以明确的说明。

在管理制度方面，对供销合作社的分配制度进行了初步的规定，如：供销合作社要按照交售的农副产品数量和股金分红（1982 年，《全国农村工作会议纪要》）；供销合作社要“有公共提留，积累归集体所有，实行按劳分配，或以按劳分配为主，同时有一定比例的股金分红”（1983 年，《当前农村经济政策的若干问题》）。同时，对供销合作社的民主管理制度也提出了相关要求，如：供销合作社要坚持民主管理制度，并由群众民主制定各种合作经济组织的规章制度（1982 年、1983 年、1985 年，“中央 1 号文件”；1985 年，《中共中央、国务院关于进一步活跃农村经济的十项政策》）。可以说，此时期的政策并没有针对合作社的管理制度提出具体细则，更多地呈现出对管理制度的探索。正是这种积极的探索，才为后来我国农业合作社在管理制度方面的规范发展提供了可能。

在社员权益制度方面，此时期的政策更多关注农民在供销合作社的经济利益，而不重视其民主管理权利。如：把供销合作社的经营活动的目标定位在农民的经济利益的保护上（1982 年、1984 年，“中央 1 号文件”）；并从政策支持角度，要求对合作社的税收、财政予以优惠，在一定程度上保护了农民的经济利益（1986 年，《关于 1986 年农村工作的部署》）。因此，在经济利益方面，国家在政策导向上突出对供销环节上农民合作经营的鼓励和支持，并致力于通过供销合作社来更好地保护农民经济利益。可以说，国家在供销合作社上的积极的探索和引导，为后续覆盖全产业链的合作经济组织在社员经济权益保护方面提供了宝贵的经验。此外，在民主管理权利方面，此时期的政策并没有予以明确的说明，一方面强调了农民是供销合作社的主体，首先提出把供销合作社办成一种合作商业，它由农民集体所有（1984 年，《关于 1984 年农村工作的通知》），随后提出农民的合作经济组织是供销合作社的发展方向（1993 年，《中央农村工作会议》），可以看出农民在供销合作社的主体地位得到不断提升，这会对后续社员的民主管理权（如：参与权、决策权、选举权等）的保护奠定良好的基础；另一方面，要求由群众民主制定合作社的章程（1985 年，“中央 1 号文件”）。合作社的章程应由群众自主制定，并且群众也可自主定夺规章制度的实行时间。虽然在社员的民主管理权利上，并没有规定具体完善的内容，更多的是一种可能的引导，但在一定程度上对保护农民的民主管理权起到了积极的作用。

总之，在合作社发展的萌芽时期，这一时期合作社的组织结构、管理制度和社员权益制度只是停留在初步建立的层面，更多关注的是供销合作社的相关制度改革，并且不涉及合作社的三权建设以及保护社员民主管理权的制度细则。但是，不可否认的是，此时期的政策文件中对合作社相关制度的积极引导，为后续合作社制度的规范发展提供了有效的依据，起到了一定的借鉴作用。

3.3 合作社的初步发展时期(1995—2000 年)

1995—2000 年，我国合作社开始迅速兴起，进入了初步发展时期。1993 年后，陆续出台了一系列关于合作社管理、服务的措施。尤其是《中共中央、国务院关于当前农业和农村经济发展的若干政策措施》对农村合作经济提出了具体要求。根据国务院的规定，农业部是指导和扶持农民合作社的行政主管部门。当时，农民合作组织的试点工作在安徽、陕西、四川、山西、黑龙江等省开展，这些合作组织与传统的经济组织差异较大。但是，总体而言，由于受一些客观因素的影响（如：没有消除人民公社带来的影响、缺乏合作传统、政府扶持不够、农户生产的商品率较低），合作经济还处于初级发育阶段，合作的内容较为局限（以交流和技术服务为主）。

20 世纪 90 年代中期到末期，合作活动的内容逐渐拓宽，从以技术合作为主，转向共同购买生产资料、销售农产品乃至进行共同使用资金、设施等生产要素方面合作。1994 年，在日本农协的影响下，山西省开始在定襄、临汾等 4 个县进行专业合作社的试点，成为我国最早的农民专业合作社（宋芳，2010）。同年，山东莱阳市由于其独特的产业结构，受农产品出口的外部需求刺激，开始倡导建立农民合作社。1995 年，莱阳市第一个新型农村专业合作社——莱阳宇敏供销蔬菜合作社正式成立。随后，河北的邯郸、山东的泰安、北京郊区的房山和顺义等地，相继建立了一批农民专业合作社。

这一时期，随着合作社的逐步发展，在组织结构方面，供销合作社首先建立了"三会"制度。如：明确提出合作社的最高权力机关是社员大会（或社员代表会议），合作社要设立理事会和监事会，要在章程的规定下定期召开社员大会（或代表会议），领导成员要经过民主选举，在此前提下做出重要决定。1995 年，出台《中共中央、国务院关于深化供销合作社改革的决定》，在这份历史文献中所提出的明确的"三会"制度意义深远，具有非常重要的价值，对合作社未来的健康发展起到了关键作用。

在管理制度方面，首先提出了财务方面的民主管理的具体规则，即：在财务报表方面，要定期向成员公布财务报表；在民主理财方面，村合作经济组织要建立以其成员代表为主的民主理财组织，该组织要认真听取和反映全体成员对村合作经济组织财务管理工作的意见和建议（1996 年，《财政部关于印发〈村合作经济组织财务制度（试行）〉的通知》）。同时，明确提出合作社要坚持实行一人一票的民主管理（1997 年，《中共中央、国务院关于一九九七年农业和农村工作的意见》)。此外，进一步肯定了萌芽时期的分配制度，提倡按股分红，并且可以有一定比例的劳动分红（1997 年，《中共中央、国务院关于一九九七年农业和农村工作的意见》)。可见，管理制度的逐步完善，有利于保护社员权益，尤其是合作社的财务公开，使社员对合作社的内部资产有更清晰的了解，可以促进社员的工作积极性，同时坚持一人一票也有助于实现社员的民主管理权。

在社员权益制度方面，继续重视供销合作社的社员经济利益的保护。如：在坚持为农服务的宗旨的基础上，供销合作社的核心是转换经营机制、理顺产权关系（1998 年，《中共中央、国务院关于 1998 年农业和农村工作的意见》)，进一步明确了农民在合作社中的主体地位，同时产权关系的优化也有利于社员经济权益的保护。与合作社萌芽时期的制度相同，发展初期的社员权益制度并没有对社员的政治权益予以关注，进而没有建立明确的保护社员政治权益的规定。

总体而言，在合作社初步发展时期，这一时期在组织结构、管理制度和社员权益制度相比萌芽时期在某些制度方面有了明显的改善，包括“三会”制度的首次提出、财务管理方面的民主管理制度的详细规定等，这些制度无疑在合作社的制度发展史上具有里程碑的意义，对合作社今后实现规范管理，推动合作社的立法工作奠定了良好的基础。

3.4 合作社的过渡发展时期(2000—2006 年)

2000 年以后，由于我国农产品生产格局已经从卖方市场转变为买方市场，更因为加入 WTO 以后我国农业正逐步与世界农业全面接轨而日显紧迫（黄祖辉、徐旭初，2005）。在此种形势下，进一步加大了农民生产经营的不确定性和风险性，农民有更为迫切的需求来联合起来，从而增强其市场竞争力和提高其收入。在此背景下，各级政府和相关部门进一步加大对于农民专业合作经济组织的引导和扶持力度，合作社由此进入了新的发展时期。相比合作社在初步发展时期的悄然兴起，本书将 2000—2006 年，划分为合作社的过渡发展时期。

虽然，合作社在此时期的数量不断增长且服务功能有所完善，其内部的制度建设也在逐步进行规范。但总体上，农民合作经济组织仍然处于发展的初级阶段（全国人大农业与农村委员会课题组，2005）。主要体现为：在组织形式方面多为松散型合作；在发起方式上主要依赖行政力量和龙头企业的介入；合作社的经营规模普遍较小，带动能力也相对较弱，且活动区域主要集中于乡镇范围内；合作内容方面大多局限于信息、技术等服务方面，而较少涉及农产品的加工和销售；相当比例的合作社在利润返还、民主管理等方面运行不规范。

在此背景下，中央政府开始有计划、有组织地支持合作社发展。农业部于 2002 年在全国范围内选定 100 个专业合作组织、6 个地市和浙江省为综合试点单位。财政部于 2003 年下拨 2000 万元，用于支持合作社的发展，并对合作社的培训安排专项资金。与此同时，合作社发展的政策和法律环境也大为改善，更加注重推进合作社的规范发展。

在组织结构方面，对供销合作社提出了进一步的改革方案，如：供销合作社要开展广泛的联合与合作经营，同时推进现代经营网络的发展（2006 年，“中央 1 号文件”）。供销合作社之间的联合，改变了原来单一合作社的组织结构，为后续所有类型合作社实现向联合社发展，从而有效提高合作社在市场中的竞争力做出了积极的探索。

在管理制度方面，首先从法律层面对分配管理制度作了原则性的规定。如：盈余返还是合作社必须坚持的原则（2002 年，《中华人民共和国农业法》），首次对生产管理制度作了明确的规定。要对建设标准化生产基地、建立仓储设施和加工企业的农民专业合作组织予以支持（2004 年，“中央 1 号文件”；《中共中央、国务院关于促进农民增加收入若干政策的意见》）。这两个规定的出台，对合作社管理制度的进一步完善起到了积极的作用。

在社员权益制度方面，中央政府继续加强对合作社社员权益的保护。如：“农民专业合作经济组织要坚持以成员服务为宗旨，并坚持入社自愿、退社自由、民主管理”（2002 年，《中华人民共和国农业法》）；农民专业合作组织要建立在农民自愿的基础上，并坚持民办、民管、民受益的原则（2003 年，《中共中央、国务院关于做好农业和农村工作的意见》）。在社员经济利益层面，提出通过监管农民专业合作组织的乱收费、乱摊派等问题，来进一步保护成员的合法利益（2006 年，《国务院办公厅关于做好当前减轻农民负担工作的意见》）。对于社员的民主管理权利，与合作社初步发展期的制度类似，并没有建立明确的社员民主管理制度。

由此可见，在合作社的过渡发展时期，组织结构的制度转变会面临一些现实的挑战，需要谨慎对待；管理制度上不同于合作社初步发展期更多通过原则建设来规范合作社的民主管理，而是转向法律予以明确要求，并且尝试在生产管理制度上做了初步的改革；社员权益制度上不仅依照《农业法》对保护社员权益作了明确规定，并在原则建设中进一步强调社员权益的基础地位。

3.5　合作社的规范发展时期(2007 年至今)

2007 年以后，合作社进入规范发展时期。从某种意义上来讲，《中华人民共和国农民专业合作社法》（以下简称《合作社法》）的实施才使得我国现代意义上真正的合作社出现。可以说，《合作社法》使得合作社的市场主体地位得以确立，从而保障合作社可以开展市场交易和开展一系列经济活动。

《合作社法》正式颁布以后，我国合作社的发展主要呈现出两个方面的特点：第一，《合作社法》颁布和实施以后，农民专业合作社的总体发展呈现加速态势（张晓山，2009），本书第四章中农业部经管司的数据也会进一步支持这个论断。第二，合作社的地位、作用愈加受到重视。具体表现为：要“按照服务农民、进退自由、权利平等、管理民主的要求，扶持农民专业合作社加快发展，使之成为引领农民参与国内外市场竞争的现代农业经营组织”（《中共中央关于推进农村改革发展若干重大问题的决定》）。中央的文件将农民专业合作社的地位和作用提到前所未有的高度，地方政府也越来越重视农民专业合作社的发展，一系列优惠政策正在落实，同时合作社担负的功能也逐渐增多。

虽然我国的农业合作社得到了快速发展，且受到了国家和相关部门的高度重视和支持，但我国的合作社在实际运行中还存在很多不规范的现象：一方面，合作社制度不健全，容易造成大股东控股（潘劲，2011）；另一方面，一些合作社并没有遵循合作社基本原则，尤其是不能坚持民主管理原则、不按盈余额分配等，产生了虚假合作社的繁荣表象。运行不规范的合作社带动农户增收的能力较弱甚至没有带动的能力，在一定程度上挫伤了农民加入合作社的积极性，并对合作社的形象产生了不利的影响。

基于上述情况，在组织结构方面，首次从法律层面对合作社的“三会制”作出明确规定。提出“农民专业合作社设理事长一名，可以设理事会，可以设执行监事或者监事会。理事长、理事、经理和财务会计人员不得兼任监事。理事长、理事、执行监事或者监事会成员，由成员大会从本社成员中选举产生，依照本法和章程的规定行使职权，对成员大会负责”（2006 年，《合作社法》第二十六条的规定）。至此，我国合作社的“三会制”有了具体的法律依据，对合作社的规范发展有重要意义。同时，联合社的发展得到鼓励和支持。作为一种新的合作社类型，联合社的目的是实现合力闯市场、提高市场竞争能力。建立联合社是我国合作社发展的新导向，也是国外为发展合作社所做的普遍选择。为了符合合作社的发展需要，使联合社的发展能够有良好的外部环境，首次对发展联合社作了明确要求，提出要对合作社在产品、产业方面的合作和联合予以积极引导，并且进一步探索联合社的登记管理办法（2013 年，“中央 1 号文件”）；在此基础上又提出，要对联合社的发展予以着力引导（2014 年，“中央 1 号文件”）；要“全面深化供销合作社综合改革，坚持为农服务方向，着力推进基层社改造，创新联合社治理机制”（2015 年，“中央 1 号文件”）；要不断提高合作社的规范化程度，并鼓励联合社的发展（2016 年，《全国农业现代化规划（2016—2020 年）》）。推进联合社的发展，使合作社的组织结构产生根本的变化，单个合作社成为社员，联合社的成员代表从每个合作社（基层社）的成员代表中选出，因此联合社更加复杂的组织结构对其管理经营提出了更高的要求，需要结合相关理论，并不断总结实践经验，才能真正发挥联合社应有的作用。

在管理制度方面，对合作社的生产管理提出了更高的要求。近年来，合作社扩展其业务的一个主要方向是发展农产品的加工业务。目前，我国的合作社有一半以上开始发展产加销一体化经营（张红宇，2016），通过发展农业产业化经营，合作社延长了农产品的产业链、价值链。相关政策明确指出，要鼓励合作社在农产品的加工业务上取得快速发展（2015 年，《深化农村改革综合性实施方案》）；要支持合作社积极建设冷链物流设施（2015 年，《国务院办公厅关于加快转变农业发展方式的意见》），同时强化对合作社的分配管理制度的法律规定，并且细化分配制度的原则内容。2007 年的《合作社法》第三十七条明确指出，“盈余分配要按照成员与农民专业合作社的交易量（额）比例返还”；第三十七条进一步指出，“可分配盈余按照规定返还或者分配给成员，包括：按成员与本社的交易量（额）比例返还，返还总额不得低于可分配盈余的百分之六十；按前项规定返还后的剩余部分，以成员账户中记载的出资额和公积金份额，以及本社接受国家财政直接补助和他人捐赠形成的财产平均量化到成员的份额，按比例分配给本社成员”；合作社要坚持“盈余分配原则”（2013 年，《中华人民共和国农业法》）；供销合作社要“建立健全按交易额返利和按股分红相结合的分配制度”（2015 年，《中共中央国务院关于深化供销合作社综合改革的决定》）。在民主管理制度层面，首次从法律层面对民主管理作了明确规定，并且丰富了民主管理的原则内容。法律明确提出，社员有权查阅所属合作社的章程、成员大会（或成员代表大会）记录、成员名册、理事会和监事会的会议决议、会计账簿和财务会计报告（2007 年，《合作社法》第十六条）；在此基础上提出，社员有权“查阅本社章程、成员名册、成员大会记录、理事会会议决议、监事会会议决议、财务会计报告和会计账簿”（2007 年，《农民专业合作社示范章程》）；合作社要定期向社员公开会计信息，并接受成员的监督（2007 年，《农民专业合作社财务会计制度（试行）》）；要规范发展合作社，实行年度的报告公示制度（2015 年，“中央 1 号文件”）。可以看出，合作社的管理制度正在向规范化转型。

在社员权益制度方面，就社员的经济利益而言，首次从法律层面予以明确规定，并且在制度的原则内容上予以完善。如：通过挪用、私分、截留、侵占或其他方式对成员的合法财产造成侵害，对成员的生产经营活动进行非法干预，向成员摊派，需要依法追究相关的法律责任（2007 年，《合作社法》第五十三条）；明确提出通过税收优惠等政策保护社员经济利益的具体规定（2008 年，《财政部国家税务总局关于农民专业合作社有关税收政策的通知》）；在进行年终盈余分配工作之前，合作社要对全年的收入、支出予以准确核算，并对成员的个人账户予以真实完整的登记（2007 年，《农民专业合作社财务会计制度（试行）》）；合作社要对农业产业链的利益联结机制组织形式予以创新，对农户、企业和合作社间的互利共赢的合作模式予以构建，从而让农民更多分享产业链的增值收益（2015 年，《深化农村改革综合性实施方案》；2016 年，“中央 1 号文件”）；要对基层社和农民社员的利益分配关系予以规范，真正做到让农户受益（2015 年，

《中共中央、国务院关于深化供销合作社综合改革的决定》）。

就社员的民主管理权利而言，首次从法律层面对社员的民主管理权作了明确规定，并在原则建设中完善了相关内容。如：合作社社员“有权参加成员大会，并享有表决权、选举权和被选举权，按照章程规定对本社实行民主管理”（2007年，《合作社法》第十六条）；社员有权“参加成员大会，并享有表决权、选举权和被选举权，对本社的工作提出质询、批评和建议”（2007年，《农民专业合作社示范章程》）；合作社要遵循“进退自由、服务农民、管理民主、权利平等的要求”（2008年，《中共中央关于推进农村改革发展若干重大问题的决定》）；合作社要“坚持民主管理原则”（2013年，《中华人民共和国农业法》）；合作社要加快对治理结构的完善，落实基层社的“三会”制度，强化民主监督和民主管理，切实提高农民社员在合作社中的参与度、话语权（2015年，《中共中央　国务院关于深化供销合作社综合改革的决定》）。因此，从以上政策文件中可以看出，保护社员权益在法律层面已经具有具体明确的规定，在原则层面除了强调对成员权益的保护，也进一步说明了保护成员权益的合理可行的现实途径。

总体来看，在合作社的规范发展时期，在组织结构方面，合作社的“三会制”具有了法律依据，联合社的经营管理在探索中前行，还面临很多挑战；在管理制度方面，无论是生产管理制度还是民主管理制度，在法律中都予以明确规定，并且相关原则内容也得到进一步细化；在社员权益制度方面，除了重视从法律层面对社员权利予以保护，也强调遵循合作社的基本原则来保护成员权益，包括通过推动合作社规范化建设来保护成员经济利益以及完善合作社的法人治理结构来保障成员的民主管理权。

综观我国合作社制度的发展轨迹，可以发现社员权益相关制度经历了从无到有、逐步建立健全的过程。总体而言，在保障社员权益、促进合作社规范发展方面，有一些经验需要予以坚持，主要包含以下几个方面。

（1）合作社必须要有产业支撑。农民专业合作社是农业产业化发展的重要组织形式和重要载体，而农业产业化模式的日臻成熟又促进了合作社的发展和规范。合作社是否能够做大做强，取决于是否能结合当地实际情况来发展合适的产业项目。无论是从事种植业、林业、畜牧业、渔业和服务业，只要是适合当地农村发展的产业项目，都可以通过合作社的方式来经营，从而更好地保护农户的经济利益。

（2）合作社的作用在于解决农户难以解决的问题。目前，农业合作社形成了以流通领域、农业的产前产后领域为主体的合作社。在农业生产领域当中，从整个世界来看此领域的合作社与产前产后领域的合作社相比数量较少，因为生产当中的很多事情由农户可以得到较好的解决。因此，合作社在规范发展的过程中，应着力于解决生产环节以外的问题（如加工、销售、储藏、运输等），真正发挥合作社应有的功能。

（3）坚持民主管理。成员民主控制是合作社的本质规定之一。《合作社法》规定，合作社要遵循成员地位平等，实行民主管理。只有坚持民主管理原则，社员才能有充分的选举权、被选举权以及足够的知情权，促使社员积极参与合作社的一切事务，提高其在决策中的话语权，从而更好地满足全体社员的共同利益。

（4）坚持财务在内部社员间公开（包括补贴公开、内部收入支出公开等）。如果不在这方面予以坚持，支出结构不清楚，社员没有归属感。因此，合作社要坚持对社员公开财务，尤其是要让社员对合作社的内部收支有更全面的了解，才能提高社员对合作社的归属感。

由于合作社的实践往往是超前的，而相关制度总是滞后的，因此有必要在梳理历年文件中有关社员权益制度的基础上探索未来趋势，从而使社员权益相关制度更加符合未来合作社的发展需要。具体包括以下几个方面。

(1) 坚持社员入社自愿的原则，但需谨慎对待退社自由的原则。根据《合作社法》的相关规定，“社员在退社时，应当在财务终了的三个月前向理事长或理事会提出；成员资格终止的，合作社要退还记载在该成员账户中的出资额和公积金份额”。因此，在法律层面并未对合作社社员的退社自由加以限制。虽然社员退社自由，有利于社员入社的积极性、合作社的形成和社员利益的保护，但是不利于合作社的持续发展。尤其是在合作社发展的初期阶段，社员随意退出，会使合作社还未成长就已消亡。因此，在退社自由原则方面，应予以一定的限制，可以考虑附加时间期限，如规定至少满三年社员可以提出退社等。

(2) 关于一人一票的规定，有待重新审视。一人一票强调民主，意味着早期发展困难，从管理学来看，早期完全民主的企业难以发展。合作社在发展初期，实现一人一票是不符合实践需要的。由于我国合作社在发展过程中，合作社的类型多数是“能人”带动型，从建立之初就带有明显的成员异质性特征，真正的合作社不是简单的农民联合，需要有市场眼光、组织意识、懂得经营管理的专业人才。因此，一人一票在实际操作中必定会产生漂移，合作社在实际决策中往往不是一人一票，而是一股一票。

为了保持合作社的本质规定性，同时考虑合作社的决策效率等因素，可以考虑结合多种形式，即结合合作社实际情况考虑一人一票、有限制的一人多票和一股多票等多种形式相结合。

（3）从长远来看，合作社要求农民占 80% 以上，也值得商榷。按照《合作社法》规定，农民合作社要坚持农民为主体，显然农民是最重要的成员。但是现实发展情况是随着进一步推进城镇化，国务院明确提出两大目标：“截至到 2020 年，我国要建立城乡统一的户口登记制度，即取消农业户口与非农业户口性质区分，统一登记为居民户口；努力实现 1 亿左右农业转移人口和其他常住人口在城镇落户”（《国务院关于进一步推进户籍制度改革的意见》，2014 年）。城镇化所带来的挑战就是使农民的认定存在困难，同时加入合作社的农民会随着户籍的变化转为市民，农民的数量逐渐下降，合作社仍然坚持 80% 以上为农民会面临挑战。因此，农民合作社要依据未来发展对农民的占比作相应调整。

（4）联合社发展的规定滞后。近几年，国家已经认识到发展联合社的必要性，并在政策文件中说明发展要求。合作社联合社得到快速发展，这种制度创新符合合作社的实践需要，同时也在一定程度上反映出农民对合作社在合作层次和合作形式方面发展的新需求。但为了更好地推动联合社的发展，实现合作社规模效益的最大化，提高合作社在市场中的竞争力，首先要对联合社的概念界定清楚，从已有的政策文件来看，并没有对联合社作明确的界定，到底联合社是在多个合作社的联合基础上成立的合作社，还是多个合作社和企业联合的基础上成立合作社，需要予以明确的界定说明。其次，联合社的“三会”（成员大会、理事会和监事会）成员肯定会从其他基层社的成员中选举产生，从而产生一定的人员交叉。如果不能实行民主选举，长久的结果必然是联合社的核心成员做出有利于自己和其部门的决策，而损害了其他分社的利益。但是，在这两方面法律是完全空白的。因此，我国政府及相关部门应加快制定并颁布有关联合社的法律，清楚界定联合社的内涵，明确要求联合社实行民主管理，持续促进合作社实现更广领域、更深层次和更大范围上的联合。

第四章　农业合作社发展概况

对于事物的宏观认识和把握可以防止在研究的过程中出现研究问题的离题或者认知不足的问题。为此，本章利用农业部农村合作经济经营管理总站（简称经管总站）《农村经营管理情况统计年报》（2008—2014 年）的统计数据①，从全国的层面对我国合作社的发展概况进行一个描述性分析，以对我国合作社的宏观发展情况做到“心中有数”，另外，这也是对第三章制度分析的一个回应，以实际情况回答我国合作社在制度不断衍变的情形下，到底经历了怎样的变化。由于论文主要研究合作社的组织结构、管理制度和社员权益，但农业部经管总站的《农村经营管理情况统计年报》这套数据并未涵盖管理制度方面的内容。为此，本章对于合作社宏观发展概况的描述主要涉及合作社发展的基本情况、合作社组织结构的发展情况和合作社社员权益的发展情况三个方面。

---

① 农业部全国经管总站《农村经营管理情况统计年报》的数据不包括港、澳、台和西藏四个地区。

4.1 合作社发展的基本情况

结合《农村经营管理情况统计年报》统计指标，对于合作社发展基本情况的分析主要包括合作社数量和成员数以及合作社获得财政专项资金扶持情况两个部分，以了解我国合作社的大致发展情况和国家对合作社补贴的现实情况。

4.1.1 我国合作社数量和成员数

图 4-1 描述了 2008—2014 年我国农民专业合作社的数量和成员数。从 2008 年之后，我国合作社实现了迅速发展，农民专业合作社数从 2008 年的 11.4 万个增长至 2014 年的 113.8 万个，增长了近 898%；农民专业合作社成员数从 2008 年的 1178.4 万人增长至 2014 年的 5593 万人，增长了近 374%。这两项指标的分析表明我国合作社从 2008 年以后进入迅速发展时期。这一时期和第三章中划分的合作社的规范发展时期（2007 年至今）基本吻合，合作社取得如此快速的发展，与农民强烈的主体性需求以及政府的强力推动密不可分，即农民有意愿、政府有引导（崔宝玉、刘峰，2013；张红宇，2016）。为什么我国合作社的数量获得如此快速的增长？这主要有两方面的原因：一方面是《合作社法》正式实施以后，合作社发展得以规范，国家愈加重视合作社的地位和作用。如：《中共中央关于推进农村改革发展若干重大问题的决定》指出要“扶持农民专业合作社加快发展，使之成为引领农民参与国内外市场竞争的现代农业经营组织”；另一方面，国家对

合作社的补贴资金逐年增加，这个原因在4.1.2节中具体阐述，此处不再赘述①。由此可知，国家出台的一系列法律政策以及对合作社补贴力度的不断增强，使合作社自2008年以来实现了快速的发展。

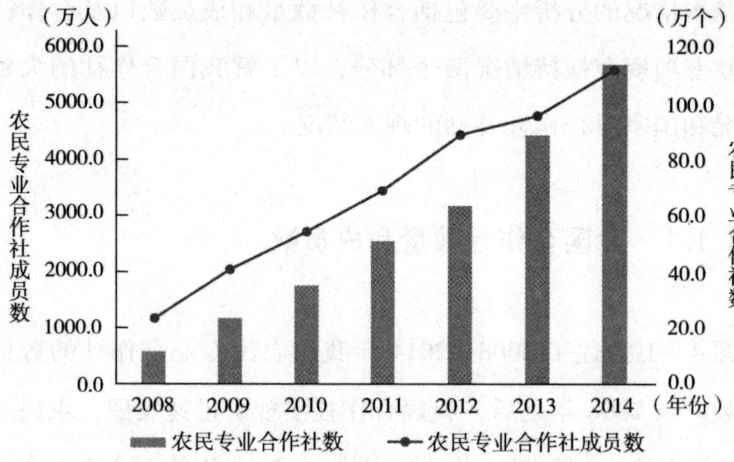

图4-1 农民专业合作社数和农民专业合作社成员数（2008—2014年）

数据来源：农业部全国经管总站《农村经营管理情况统计年报》（2008—2014年）。

4.1.2 合作社获得财政专项资金扶持情况

合作社是社员自愿联合、民主管理的互助性经济组织，尤其是农业专业合作社，它具有较强的基础性、公益性和社会性的属性。农民专业合作社的发展可以很好地聚合小农的力量参与市场的竞争，使农民获得产业中下游（比如加工和销售）的增值收入，从而很好地带动农民增收。基于以上几点原因，国家尤其重

① 农业部全国经管总站《农村经营管理情况统计年报》（2008—2014年）。

视农民专业合作社的发展，因此在财政和税收等方面都给予了极大的支持。农民专业合作社获得的财政支持资金从 2009 年的 326174 万元增长至 2014 年的 546791 万元，增长了 67.64%，获得财政支持资金的合作社从 2009 年的 31681 个增加至 2014 年的 35247 个，增长了 11.26%（见图 4－2）。

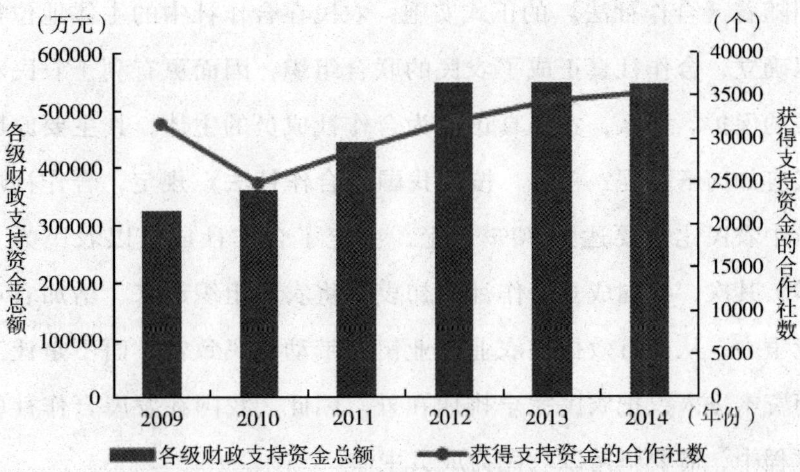

图 4－2　获得财政专项扶持资金的合作社数及扶持资金总额（2009—2014 年）

数据来源：农业部全国经管总站《农村经营管理情况统计年报》（2009—2014 年）。

4.2　合作社组织结构的发展情况

结合《农村经营管理情况统计年报》统计指标，以下主要从合作社成员结构和联合社发展情况两个部分来描述和分析合作社组织结构的发展情况。

4.2.1　合作社成员结构

图 4－3 描述了 2008—2012 年农民专业合作社成员中，团体

成员和农民成员的数量结构。从2008年起，农民成员占合作社成员的比重呈逐年增加的趋势，表现为从2008年的98.3%增长至2011年的99.4%，这在一定程度上说明合作社的带动效果明显，越来越多的农民加入合作社并成为社员。与此同时，团体成员的数量从2008年的1.7%下降至2012年的0.64%，这也从侧面说明随着《合作社法》的正式实施，农民在合作社中的主体地位得以确立，合作社真正成了农民的联合组织，因而更有利于农民利益的保护。那么，农民真正成为合作社成员的主体，其主要原因又应如何解释呢？首先，按照我国《合作社法》规定，合作社成员中农民比例要达到80%以上，决定了合作社成员以农民为主体。其次，我国成立合作社的初衷是将农民组织起来、增加农业竞争力，从而有效拓展农业产业链，带动农民致富，而不是让工商资本进入，把农民完全排斥在外。因此，我国在发展合作社的过程中，需要坚持以农民为成员主体。

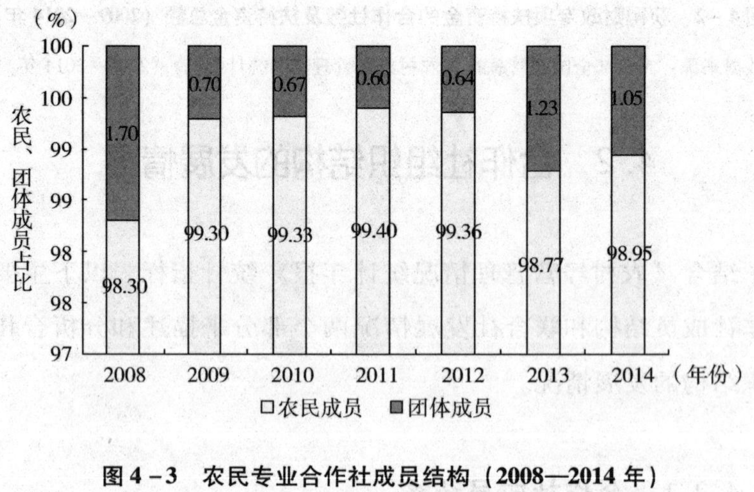

图4-3 农民专业合作社成员结构（2008—2014年）

数据来源：农业部全国经管总站《农村经营管理情况统计年报》（2008—2014年）。

4.2.2 联合社发展情况

图4－4描述了2008—2014年联合社的数量和成员数量，具体而言，联合社的数量呈逐年增长的趋势，从2008年的1453个增长至2014年的3629个，增长了149%。联合社的快速增长一方面源于近几年国家宏观政策的引导，从2013年开始，国家积极倡导发展联合社，如：2013年的“中央1号文件”提出要积极引导合作社实现产品、产业方面的合作和联合；2014年的“中央1号文件”提出要着力引导联合社的发展；2016年的《全国农业现代化规划》明确提出鼓励发展联合社。另一方面源于合作社自身发展的需要（内生的增长）。有条件和需求的合作社希望通过组建联合社，来克服一些实践中的难题，如：单个合作社规模较小、市场竞争力不强、不易对接市场等；合作社希望多种形式的联合，促进规模经济的形成，从而降低交易成本等。就联合社的成员数量来看，除了2008年到2009年迅速下降，从长久趋势来看，2009年以后，联合社的成员数呈稳定增长态势，表现为从2009年的82521人增加至2014年的212881人，增长了157%。需要说明的是2008年到2009年联合社的成员数大幅下跌，可能是统计口径或其他问题带来数据异常的结果。成员的长期增长趋势和联合社的发展情况一致。这表明合作社的组织结构在新的时期，呈现出以“联合社”为龙头迅速发展的态势。

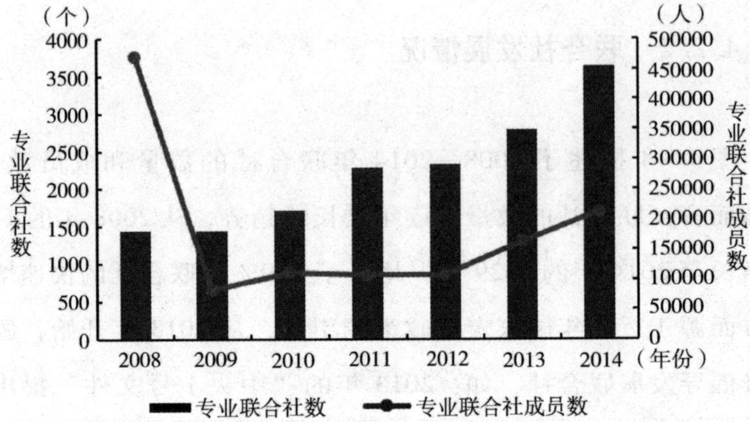

图 4 -4　专业联合社数和成员数（2008—2014 年）

数据来源：农业部全国经管总站《农村经营管理情况统计年报》（2008—2014 年）。

4.3　合作社社员权益的发展情况

结合《农村经营管理情况统计年报》统计指标，对于合作社社员权益的发展情况的分析主要包括社员异质性下的社员权益情况和社员经济利益情况两个部分，从而对我国合作社组织结构的发展情况进行全面的了解。

4.3.1　社员异质性下的社员权益情况

由图 4 -5 可知，从牵头人身份划分来看，普通农民[①]带头组

① 图 4 -5 中“普通农民”类别是和问卷中指标称谓相对应，但并不意味着就是普通农民，而现实中更多的是农村“能人”，比如返乡农民工、小老板、小企业主等个体经营者。

建的合作社除了2008年到2009年迅速下降，从整体趋势来看，2009年以后，普通农民带头组建合作社的数量呈稳定增长态势，从2009年的69%增长至2014年的77.2%。需要说明的是2008年到2009年普通农民带头组建的合作社的数量有所下降，可能是统计口径或其他问题带来数据异常的结果。以村干部带动成立的合作社也是一种重要类型的合作社，但是从2009年以来，这种类型的合作社数量呈持续下降态势，可能与政府与企业职能的分离有关，是合作社发展过程中政府规制的结果。除这两种类型的合作社外，以其他主体带动成立的合作社、以企业为主体带动成立的合作社和以基层农技服务组织带动的合作社的数量较少，且数量均保持持续稳定。由此可知，我国合作社的主要类型是以农村"能人"带头组建，可能的原因是农村"能人"作为合作社的发起人，他们经过城市历练、打拼后，拥有了一定的市场管理经验，掌握了相关技术，获得了足够的资金，并且头脑灵活，他们

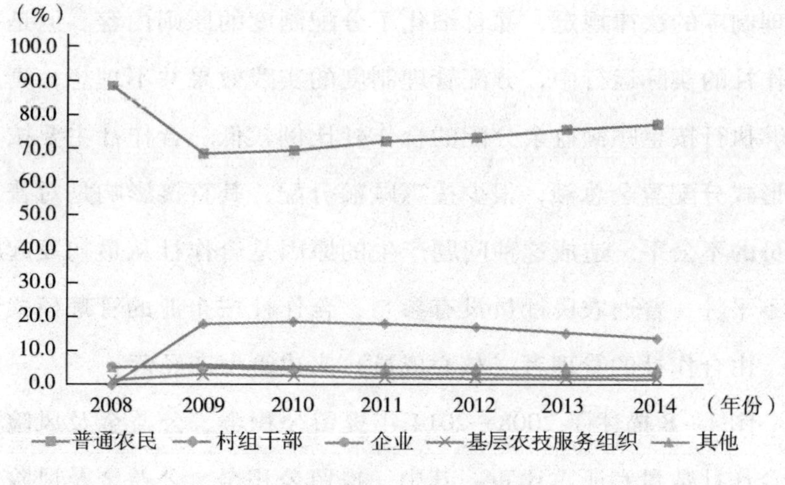

图4-5　不同牵头人身份划分的合作社构成（2008—2014年）

数据来源：农业部全国经管总站《农村经营管理情况统计年报》(2008—2014年)。

将经验、技术、才智运用到农村，很容易在农村实现其梦想，并充分体现其价值。因此，合作社在发起时的不平等，决定了不同类型社员在今后合作社发展过程中的权益不平等。

4.3.2　社员经济利益情况

由图4-6可知，农民专业合作社的可分配盈余从2008年的310.7亿元增长至2014年的907亿元，增长了近300%。这在一定程度上说明合作社的整体发展态势良好，其经济效益随着合作社的发展得以不断增加，使得合作社的盈余实现连年增长。而从图4-7可知，从农民专业合作社可分配盈余的结构来看，合作社目前可分配盈余中占比最大的是其他形式分配的盈余总额，随后是按股分红总额，而按交易量返还成员总额最低。对应于第三章合作社的规范发展时期（2007年至今），强化了对合作社的分配管理制度的法律规定，并且细化了分配制度的原则内容。但是在合作社的实际运行中，分配管理制度的实践效果并不理想，真正能够执行按惠顾额盈余分配的合作社比例较低。合作社主要按其他形式分配盈余总额，很少按惠顾额分配，其直接影响是对普通社员的不公平。造成这种问题产生的原因是合作社从最初发起时就不平等，普通农民社员没有参与，合作社按企业的管理模式运作，由合作社的管理者（核心成员）来决策生产经营。

图4-8描述了2008—2014年提留公积金、公益金及风险金的合作社数量和所占比重。其中，提留公积金、公益金及风险金的合作社数量呈逐年增加趋势，但是在合作社总数中所占的比重呈下降趋势，从2008年的29.9%下降至2014年的16.9%。说明

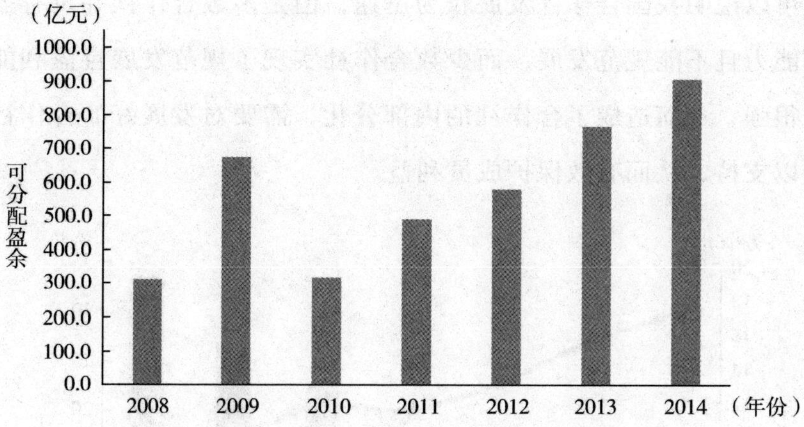

图4－6　农民专业合作社可分配盈余（2008—2014年）

数据来源：农业部全国经管总站《农村经营管理情况统计年报》（2008—2014年）。

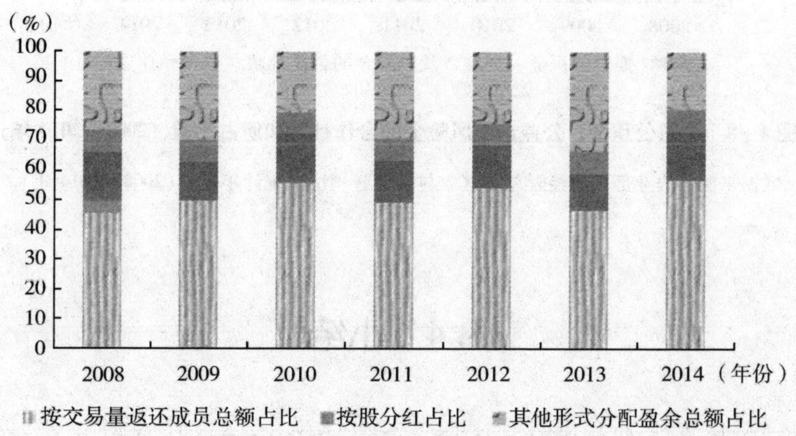

图4－7　农民专业合作社可分配盈余结构（2008—2014年）

数据来源：农业部全国经管总站《农村经营管理情况统计年报》（2008—2014年）。

能够提留公积金、公益金和风险金的合作社的增长速度慢于合作社整体数量的增长速度，这也体现出能够提留公积金、公益金和风险金的合作社在所有合作社中的数量仍然较少。这在一定程度上可以说明我国合作社发展较为迅速，但是多数合作社并没有盈利能力且不能规范发展，而少数合作社实现了规范发展且盈利能力很强，从而造成了合作社的内部分化，需要对发展好的合作社予以支持，从而有效保护成员利益。

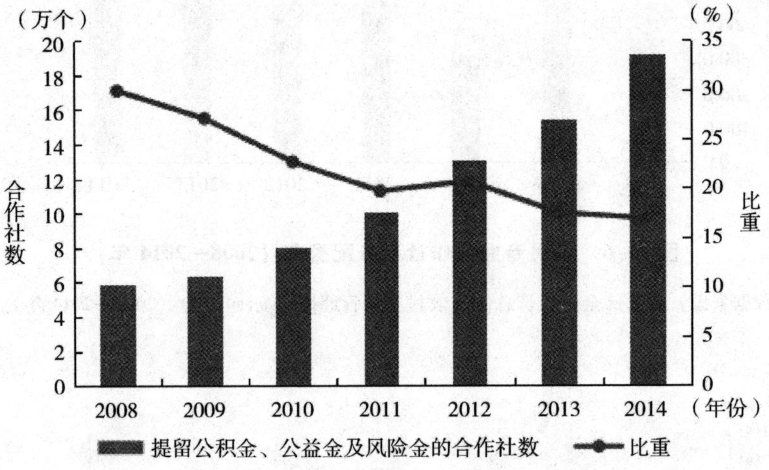

图 4-8 提留公积金、公益金及风险金的合作社数和所占比重（2008—2014 年）

数据来源：农业部全国经管总站《农村经营管理情况统计年报》（2008—2014 年）。

4.4 小结

在合作社的组织结构方面，合作社的组织结构的融合与深入发展，突出体现在联合社呈现迅速增加的态势，表明我国合作社的发展已经进入了一个从数量增长向质量增长的新时期。而作为联合社这样一种新生事物，其立法、政策都有待进一步跟进以支持和约束联合社的发展。支持联合社的发展就是要促进其发展、做大做强，约束合作社的发展是要阻止联合社只有名的一方面，没有实际的联合，即通过虚拟的联合来套取国家的补贴，从而损害了普通社员的权益。在社员权益方面，随着合作社的纵向深入发展，合作社的经营收入实现了快速的增长，表明合作社的盈利能力在增强。在这个过程中，无论是普通社员还是核心成员，他们的收入都获得了较快的增长，但另一方面我们也可以看到无论是从公积金、二次返利等这些交易形式来看，合作社能够实现公积金、二次返利等分配的较少，这说明对于普通社员（合作社的一线生产者和普通农民）而言，他们的权益在合作社的发展过程中并没有得到同步的改进。究其原因，一方面可能是我国合作社的发展阶段的问题，合作社整体效率不高；另一方面，一些有较高效率的合作社可能没有推进同步的改革，普通社员的权益保障面临一个新的问题。正是在这样的情况下，本书在后续章节中重点通过一个经典案例来研究组织结构对社员权益的影响、管理制度对社员权益的影响，深入地揭示合作社在发展过程中的组织结构的变化、管理制度的变化以及两者的变化对社员权益的影响。

第五章　北菜园合作社发展概况

北菜园合作社是由绿菜园合作社演变而来，它是一个联合社，并于2016年被农业部授予全国示范合作社。根据第四章的分析和《农村经营管理情况统计年报》的相关数据，联合社和示范社的比例较低，其中，联合社的比例从2008年的0.1%增长至2014年的0.3%，示范社的比例从2009年的22.6%下降至2014年的9.4%。从这两个角度来看，我们所选取的北菜园合作社既是示范社又是联合社，因此选取北菜园合作社作为调查案例具有非常好的典型性。

本章首先介绍了北菜园农产品产销专业合作（联合）社（以下简称“北菜园合作社”）的发展历程。然后，对北菜园合作社（包括绿菜园合作社）的基本概况进行描述和分析，包括合作社的社员概况、合作社的蔬菜种植及销售概况、固定资产及利润概况。

5.1　北菜园合作社的发展历程

5.1.1　绿菜园合作社的成立

北菜园合作社的发展前身是绿菜园合作社。绿菜园合作社所在的延庆县康庄镇小丰营村有300多年的悠久种菜历史，因为水资源比较丰富，蔬菜的品质普遍较好，全村80%的农户都种蔬菜。但是，长期以来，小丰营村的蔬菜全靠中间商来销售，农民一直没有足够的市场话语权。对此，村支书哈云潮曾这样谈道："蔬菜行情涨时，蔬菜零售商并不会大幅提高收购价格。蔬菜行情不好时，这些零售商就会把价格往最低压，如果农民不卖给他们菜，蔬菜就会烂在地里，损失也会更大，无论怎样算农民都是吃亏的"。他认为在小丰营村种菜，成了给蔬菜销售商打工，菜农在体力和心理上都承受了很大的压力。在2014年的调查中，一位受访的村民向笔者谈起合作社成立之前菜农经营的苦衷："每到收菜的时候，整夜都不能睡，晚上七、八点就开始砍菜，第二天要忙到早上四点，等七点多钟就要赶紧往市场赶，因为去晚了收菜的大车就走了，我都种了半辈子菜了，就是感觉着急、生气、累。"

2007年7月，延庆县经管站派工作人员到小丰营村做动员工作，提倡让农民组织起来建立合作社，旨在让农民摆脱生产经营中的被动局面。村干部也积极响应，并努力说服村民，主要内容有两点，一是成立合作社是受国家倡导，而且有相应的政策扶持；二是合作社可以形成规模，能够对接大客户，不用再受制于菜贩子。但是，合作社在当时还是新鲜事物，村民们大多都犹豫观望。于是，村委会将建立合作社的重任交予村里的"能人"赵某，希望他能够带领村民共同致富。此时赵某正经营着一家眼镜厂，并且经济效益良好。在村"两委"的支持和村民的期盼下，赵某关闭了自己苦心经营的眼镜厂，将小丰营村的菜农组织起来，并于2007年7月，成立了绿菜园蔬菜合作社。在全体社员的推举下，赵某被推选为第一届理事会理事长，开始了带领小丰营村种植农户走上农业合作社发展的道路。

在绿莱园合作社成立初期，合作社的成员人数约为10人，主要是从事合作社管理的工作人员。当时，绿莱园合作社还是单纯意义上的销售型合作社，合作社没有土地，也没有设施大棚，只是收购小丰营村及邻村的加入合作社的农户的自家土地种植的普通蔬菜。合作社通过制定合理的保护价格统一收购种植农户的蔬菜，并统一销售到市场。由于这时销售的菜都是普通蔬菜，合作社的利润极其微薄。2007年12月，绿莱园合作社正式提出有机认证申请，开始转向种植有机蔬菜，但是生产规模小且为露天作业。

5.1.2 绿莱园合作社的运营

绿莱园合作社真正意义上的运营是从2009年设施农业建设完成开始。2009年初，北京市启动实施“百村万户一户一棚”设施蔬菜产业化工程。在此契机下，小丰营村村“两委”提出统一规划、统一建设土地用于建设蔬菜生产基地，最终将从本村农户流转来的300亩土地交由合作社统一经营生产。合作社通过反租倒包的形式统一运作流转的土地，建立了统一的生产基地，并在此基础上增加了设施大棚。在此期间，合作社进行了重要投资，包括：投资20万元建立沼液灌溉系统，用于支持230个大棚生产；投资20万元建立了农资门市部，主要经营种子、有机肥料、生物防治器具、小型农具等生产物资；建立资金互助会，吸收成员入股50余万元，为设施农业建设提供资金支持。

随着设施农业基本完成，根据蔬菜种植需要，合作社通过雇工制进行生产经营，但是实际效果非常不理想。经过有机蔬菜转换期，2009 年底第一批有机蔬菜正式生产出来，当时就出现了严重亏损。2010 年，合作社开始执行产量和优品率（定额生产）相结合的方式来试图扭转亏损的局面，但是合作社还是遭遇了亏损。2011 年，合作社通过创新管理制度，推行“六个统一”和“三七开”制度，2012 年正式落实。

5.1.3　北菜园合作社的成立

2010 年后，绿菜园合作社的职能部门逐渐建立，专门成立了加工销售公司。为了更好地提升合作社在市场中的竞争力，2011 年年初由绿菜园合作社作为发起人，联合全县 12 个乡镇共 16 家合作社（其中 8 家是市级示范社，7 家是县级规范社），组成北菜园合作社。同时，绿菜园合作社原有的销售公司更名为北菜园科技发展有限公司，其主要职责是集中农产品进行统一销售。北菜园合作社的业务范围涉及种植业、养殖业、农产品粗加工、中药材种植等行业，其主要责任是统筹协调各合作社的生产经营，按“六统一”原则对各成员社进行日常管理：对于发展有机农业的合作社予以生产销售指导，对于不做有机农业的合作社做一般的指导工作，比如开会、每年年底总结等这几类活动，但很少涉及产品方面的发展。

2011 年 4 月 28 日，北菜园合作社正式成立。成立后，延庆区、康庄镇政府等相关部门十分重视和支持，召开了北菜园合作社的成立大会，大会成员代表进行选举，组织建立董事会、监事会、理事会。考虑到无公害、普通的农产品利润空间很小，而且竞争力很大，品牌很多，门槛很低，而更高档的产品有更广阔的空间。因此基于现实的情况，在联合社未来的发展方向上，定位在有机农产品上，旨在服务于消费层次较高的人群。

5.2 北菜园合作社的基本概况

5.2.1 绿菜园合作社的基本概况

由于在北菜园合作社的实际运营中，一些合作社（如王左营合作社等）管理不严格，有机产品抽检不达标，不符合北菜园有机产品的销售标准，因此这些合作社的销售任务较少，北菜园合作社的销售主要以绿菜园合作社为主，其营业收入的80%—90%来自绿菜园合作社。此外，北菜园依照“六个统一”原则对各合作社成员进行日常管理，其中“四个统一”（统一农资供应、统一病虫害防治、统一计划种植、统一育苗）由绿菜园合作社负责，“两个统一”（统一加工包装、统一销售服务）由北菜园合作社负责。基于此，首先对绿菜园合作社的基本概况进行描述和分析。

（1）社员概况。绿菜园合作社成立之后，合作社确定了具有一定封闭性的社员资格：即必须缴纳股金（每股100元，无上限）才能成为社员。在试点工作完成后，合作社正式由最初的10人左右增至200余人。但是此后，由于国家对农村低收入户、残疾人的补助，如果是合作社成员，就不享受待遇。因此，有些社员（几十户）会选择退社，使社员人数存在一定的波动。在绿菜园合作社进入发展后期以后（2012 年以后），合作社的经营效益实现稳定增长，社员人数也相应稳定下来，一直维持在 300 户左右。

（2）蔬菜种植和销售概况。从图 5 - 1 我们可以看到，合作社的大棚数从 2009 年的 230 个增长到 2014 年的 327 个，增长了 42.17%。与此同时，合作社的有机蔬菜面积从 2009 年的 300 亩增长到 2014 年的 420 亩，增长了 40%。合作社的大棚数经历了从无到有、再到快速增加的过程，与之对应的蔬菜种植面积经历了同样的发展过程。

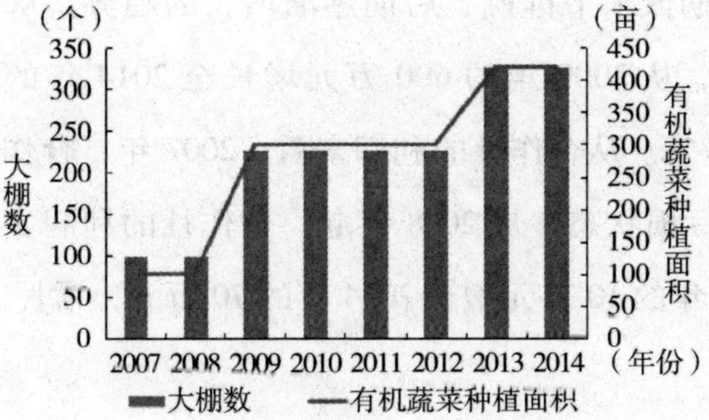

图 5 - 1　有机蔬菜大棚数和种植面积

数据来源：笔者调研。

从图 5 - 2 可知，有机蔬菜大棚数和种植面积稳步增长的同时，合作社的有机蔬菜销售额也在同步提高。2009 年合作社正式运营，开始种植有机蔬菜，有机蔬菜的销售额从 2009 年的 150 万元增长到 2015 年的 1300 万元，增长了 760%，年均增长率为 43.3%。

（3）固定资产及利润情况。从图 5 - 3 可以看出，整体而言，绿菜园合作社的固定资产表现出了逐年增加的趋势，而利润更多

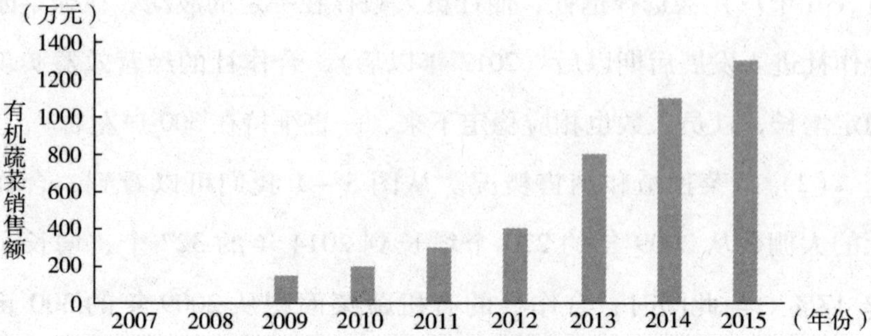

图 5－2　有机蔬菜销售额

数据来源：绿菜园合作社销售数据。

地呈现出前期低水平徘徊、后期逐渐增长的趋势。从合作社的固定资产来看，从 2009 年的 600 万元增长至 2014 年的 1000 万元，增长了 66.67%。从合作社的利润来看，2007 年，合作社的利润为负值，处于亏损状态，从 2008 年起，合作社的利润实现了逐年增长，从 2008 年的 10 万元增至 2014 年的 70 万元，增长了 700%。

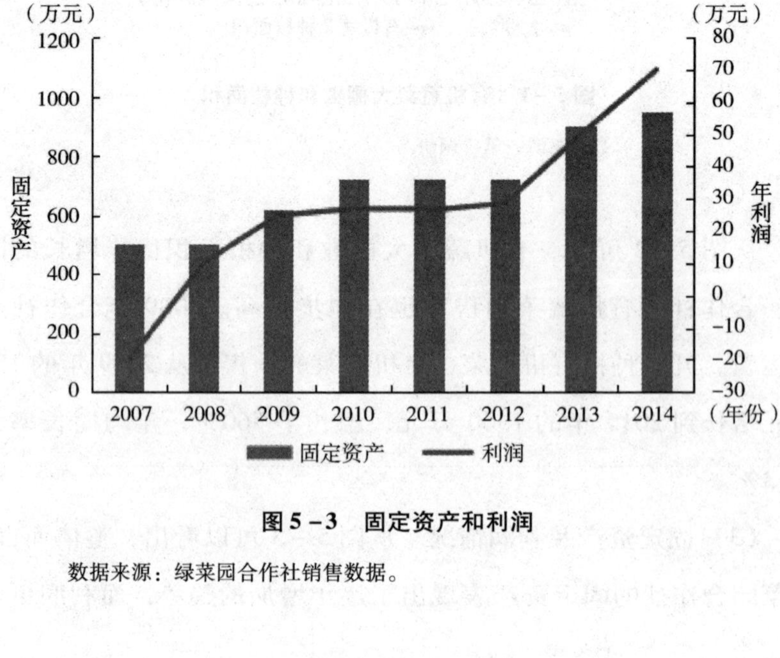

图 5－3　固定资产和利润

数据来源：绿菜园合作社销售数据。

5.2.2　北菜园合作社的基本概况

（1）社员概况。北菜园合作社联合了17家合作社和1家销售公司，共18个成员，具体包括：北京华忠绿康种植专业合作社、北京康兴种植专业合作社、北京康庄太平庄蔬菜专业合作社、北京阔达养殖专业合作社、北京绿菜园蔬菜专业合作社、北京市大庄科中药材种植专业合作社、北京市前庙葡萄专业合作社、北京市延庆永庆达食用菌专业合作社、北京四海种植专业合作社、北京四季田园种植专业合作社、北京王木营蔬菜种植专业合作社、北京西红寺种植专业合作社、北京西王化营种植专业合作社、北京延仲养鸭专业合作社、北京北菜园农业科技发展有限公司、北京八达岭小浮沱蔬菜专业合作社、北京友信缘种植专业合作社、北京市万利兴种植专业合作社。除北京八达岭小浮沱蔬菜专业合作社、北京友信缘种植专业合作社、北京市万利兴种植专业合作社没有出资外，其他15个成员均有出资，其中出资额最低为2000元，最高为110000元。

（2）资产、所有者权益概况。表5－1报告了北菜园合作社2012—2016年的资产[①]和所有者权益的概况。从中可以看到，北菜园合作社的资产呈逐年增加的状况，由2012年的1495万元增长到2016年的1686万元，增长了12.8%。所有者权益由2012年的979万元增长至2016年的1165万元，增长了19.0%，其增幅要高于资产的增幅。从所有者权益占比来看，其比例从2012年的

① 资产数据根据合作社《资产负债表》数据得到，资产＝负债＋所有者权益，资产包括流动资产、长期投资和固定资产三项。

65.5%增长到2016年的69.1%，这在一定程度上反映出合作社的经营状况持续好转，财务杠杆有效降低，所有者权益持续增加。

表5-1 资产和所有者权益

	资产（万元）	所有者权益（万元）	所有者权益占比（%）
2012年	1495	979	65.5
2013年	1709	989	57.8
2014年	1625	1026	63.1
2015年	1672	1017	60.9
2016年	1686	1165	69.1

数据来源：笔者调查。

（3）收入、支出和利润概况。表5-2报告了北莱园合作社2013—2016年的收入、支出和利润概况。从表中可以看出，合作社的收入呈总体增加的状况，由2013年的572.64万元增长到2016年的759.75万元，增长了32.67%。合作社支出由2013年的568.72万元增长至2016年的752.02万元，增长了32.23%。总体而言，合作社的收入增长且支出增长，但利润并没有出现很大的增长。

表5-2 收入、支出和利润概况

	收入（万元）	支出（万元）	利润（万元）
2013年	572.64	568.72	3.92
2014年	718.18	714.66	3.52
2015年	781.04	778.60	2.44
2016年	759.75	752.02	7.74

数据来源：笔者调查。

第六章　合作社的组织结构与社员权益

本章根据北菜园合作社的发展历程，以实际组织结构的变化节点为划分依据，对合作社发展初期、合作社发展中期和合作社发展后期（联合社）的组织结构予以描述和分析，并在此基础上探讨了不同时期组织结构对社员权益产生的影响。

6.1　合作社的名义组织结构

从绿菜园合作社到北菜园合作社，其登记注册都是严格按照《合作社法》相关规定设置“三会制”，即：社员代表大会、理事会和监事会（如图 6－1 所示），因此从单个合作社向联合社的发展过程中，其名义的法人治理结构没有发生变化。根据《合作社章程》，理事会下设理事长一名，理事长任期五年，可连选连任。监事会由三名监事组成，设监事长一人。监事会和监事会成员任期五年，可连选连任。在“三会制”下，理事长管理财务部、内部审查部、农业技术部、质量管理部、市场营销部和综合管理部（如图 6－1 所示）。

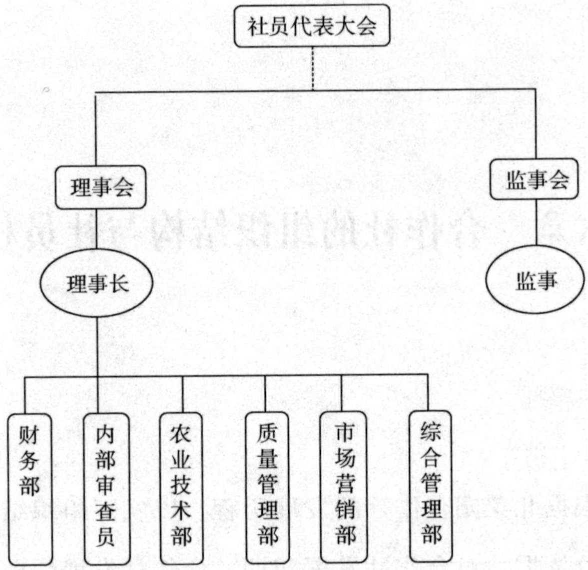

图 6－1 名义组织结构

在合作社的法人治理结构中，社员代表大会作为最高的管理机构，由它选举产生理事会和监事会，而理事会和监事会下面又分设一名理事长和监事，理事长向理事会负责，监事向监事会负责，理事长管理相应部门。监事会产生一名监事，他向监事会负责，监事会又主要负责监督理事会的管理，对其形成约束，防止导致内部人控制问题（如经营管理层是否存在违法、贪污等行为，从而损害整体社员利益）。从法律层面而言，“三会制”的法人治理结构显然符合《合作社法》的相关规定，可以为合作社健康规范发展提供一定的组织保障。

在合作社的经济组织结构中，组织中各个职务按垂直系统直线排列，各级主管对下属拥有直接的领导权，每一个职位直接向上级领导汇报，组织中不设立专门的职能部门。显然，北菜园合作社在理事长管理相关部门部分属于直线职能型组织结构。直线职能型组织结构又称为“U形”结构，是指组织以直线制作为设计的基础，在不同级别的直线主管之下设立与其对应的职能部门，也就是在统一指挥的原则下保持直线组织，并增设参谋机构。在这样的组织形式下，骨干是直线部门，其担负着原则上实现组织最终目标所需完成的任务（如生产销售），职能部门则是与其同级的直线主管的参谋，对下属职能机构进行业务方面的指导，但是没有权力对下级主管施令。结合合作社的名义组织结构图（图6-1）可知，理事长是整个组织结构中的最高层，负责统筹管理整个组织的运行，负责各职能部门和生产小组的直接领导。而各个职能部门只在自己的直线范围内对工作进行直接领导，对于平行或者非直属关系的职能部门只具备工作指导的权限。

直线职能型的组织结构是合作社在发展过程中所追求的组织结构，由最高管理者直接对相关部门进行直线管理，可以避免直线职能型组织结构中的权限过于集中且缺乏横向沟通以及职能型组织结构的权限过于分散且难以及时作出有效决策。但是，不容忽视的是，虽然合作社的最高权力机构为理事会，是全体成员大会的代表机构，本应对合作社的发展起决定性的作用，而在实际的发展中没有发挥应有的作用。因此，合作社在实际经营管理中具体采取哪种组织结构完全取决于合作社的发展阶段、发展规模、经济效益等外部因素，而难以严格执行“三会制”也是受实践所限。因此，合作社在实际发展中只是把这种名义的组织结构作为其规范发展的一种“对外宣扬”。

6.2 早期的组织结构及其对社员权益的影响

6.2.1 早期的组织结构

由于核心成员在物质资本、人力资本和社会资本方面与普通成员存在差异，表现为：核心成员拥有一定的物质资本、营销能力或社会关系，比如过去经营过私企的人（合作社理事长），而普通成员擅长农业生产，不擅长营销或管理。这些差异决定了不同的生产、营销策略的目标。核心成员通过合作社的管理寻求在资本投入和权利方面实现企业家精神，而普通成员则因以合理的价格出售他们的产品而感到满足。虽然普通成员生产和提供满足消费者需求的产品是重要的，但更重要的是核心成员用他们的能力，通过下游的增值活动和获得市场的高利润来提高合作社的价值。在此前提下，合作社会出现所有权和控制权的分离。根据委托—代理理论，合作社在成立之初就形成了核心成员控制合作社的情况，产生了普通社员和核心成员间的委托—代理关系，形成了以多数的普通成员和少数的核心成员间的委托—代理关系结构。在这样的关系结构下，由于核心成员的能力较强、获取信息较多，容易导致核心成员的机会主义行为。通过机会主义行为，核心成员可能会倾向过度使用他们的权力，从而获得远高于普通成员的收益。

在绿菜园合作社初步发展时期（2007 年 7 月—2008 年 12 月），合作社实行简单的经济组织结构。简单结构是一种部门化程度低、管理跨度大、权力集中于某一个人、正规化程度较低的组织设计。正如图 6－2 所示，赵某联合自己的亲戚和曾经的同事具体负责合作社的日常管理，就职责内容而言：赵某主要负责合作社的品牌建设、融资、有机认证申请、村土地流转的洽谈、办理营业执照等，同时他也可以直接越级管理从事具体工作的普通人员；受赵某直接领导的有三名核心人员，包括赵2、宋1和宋2，赵2主要负责从小丰营村的村民手中收菜（当时合作社还没有建立自己的生产基地），同时直接领导下属3名工作人员（A1—A3）；宋1主要负责开发市场，拓展合作社的销售渠道，同时直接领导下属2名工作人员（B1、B2）；宋2主要负责大棚建设等基础设施建设的筹划、实施工作，同时直接领导下属2名工作人员（C1、C2）。

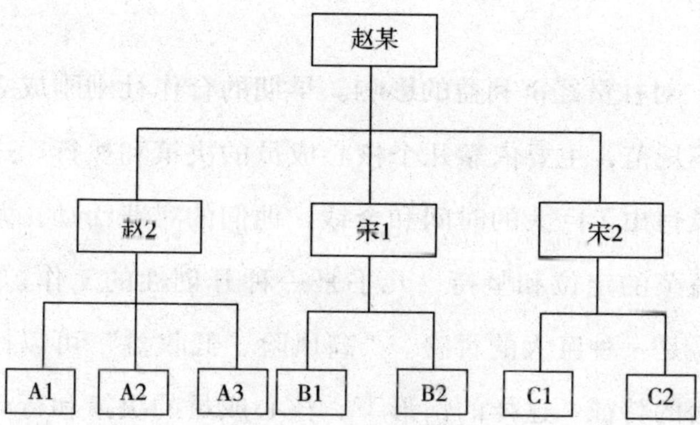

图6－2 早期实际组织结构

显然，合作社在发展早期就没有遵守"三会制"的法人治理结构，并且其经济组织结构也发生了相应的变化。在合作社发展早期，合作社适宜采用简单的经济组织结构。一方面，这种由最高管理者联合几个核心人员，且在职责中互相交叉重叠的组织结构，有利于合作社形成拳头式的组织，具有很多优势，如：可以对市场、销售等作出快速反应；维持成本较低；责任与职权明确等。但也有一些不足，在这种组织结构下，负责人要具有更多的知识、技能，并且要对各种业务予以亲自处理。当组织规模较大且业务较复杂时，最高主管显然难以胜任将所有管理职能集于一身。另一方面，合作社在发展初期由于资金较少，发展能力不足，不可能建立如财务部门、销售部门等职能部门，所以在现实中也不会采用直线职能制（名义的组织结构）。因此，简单结构适用于规模较小、生产技术比较简单的经济组织，对生产技术和经营管理比较复杂的经济组织并不适宜。

6.2.2 实际组织结构对社员权益的影响

（1）对社员经济利益的影响。早期的合作社刚刚成立，组织运行极不规范，主要依靠几个核心成员的决策和执行。这时候的核心成员付出了巨大的时间和金钱，他们的实践活动，尤其是对于有机蔬菜的定位和坚持，几乎是一种开创性的工作，在当时，也可以说是一种巨大的冒险。“高风险、低收益”可以概括该时期最显著的特征。这样的情形下，核心成员的决策和行动对合作社的发展起决定作用，合作社的收益和分配也是完全由核心成员掌控。在实际的调研访谈中，也发现了合作社早期的经济组织结构符合“简单组织结构”定义，其组织对核心成员的影响，经济方面的影响也大致如此，以下是相关案例。

案例 1：赵某作为绿莱园合作社的理事长，也是绿莱园合作社的创立者，对于在合作社发展初期首先考虑核心成员的经济利益优先，有这样的一段评价：“合作社刚成立时，凡是有些企业经验和经营头脑的农户都不愿意来合作社搞有机蔬菜，因为当时我的眼光可以说是超前的，所以这些人不愿意来，大多持观望态度，所以我只能把自己的亲戚、比较信任的朋友，尤其是以前在眼镜厂有过同样经营管理经验的同事请到合作社来，虽然靠着一些交情，这些人愿意来和我一起搞有机蔬菜合作社，但是当时我的思想压力是非常大的。主要原因就是社里所有的事情，都要我自己去弄，要我自己下最终决策，当然风险也主要由我自己承担。”

从这个具体案例中，可以进一步理解合作社在发展初期所采取的简单的组织结构主要是受到客观条件的限制，在合作社发展规模较小、资金有限，且整体生产效率较低的情况下，必须要先提高合作社的效率，即保证核心成员的积极性，才能持续推动合作社发展壮大。

对于普通成员而言，由于发展初期主要倾向于核心成员的经济利益，因而难以兼顾普通成员的经济利益。对此，在实地访谈中，一些普通成员也谈到了自己的认识，对此予以具体的案例说明。

案例2：赵三，小丰营村人，2009 年加入合作社。回忆入社时的情况时，他谈道：“合作社刚发展那会儿，我并不看好，也没有想什么挣钱的事情。当时在我看来，赵总那个人脑子有问题，不好好种菜卖菜，非要搞什么有机蔬菜，那个东西是要赔钱的，我是觉得不好干。他有时忙不过来，需要销售，需要帮忙，扒菜之类的活我就过来帮忙干干，弄一下，因为我们是亲戚朋友的关系，也不要求多少钱，30 元一天我就过来帮忙干一下。”

案例3：宋四，小丰营村人，2007 年加入合作社。他提到：“赵总以前是我的厂长，我们两个都是搞眼镜出身的，都是兄弟，他现在非常看好有机蔬菜的前景，我一向相信他的判断，我自己觉得努力试一把吧，可能可以，所以就和他一起干这个。刚开始，我们都是兄弟，不怎么算钱，他不亏待我就行了，只要差不多我就跟着他干吧，反正外面打工也和这差不多，创业阶段都艰难，能够理解，我就和他一起干了……”。

从普通成员的典型案例可以看出，合作社在发展初期由于面临较高的风险，很难兼顾普通成员的经济利益，而普通成员对合作社的前途也是持怀疑的态度，因此也不会重视保护自身的经济利益，只要在合作社的收入和外出务工相差不多，在心理层面都可以承受。

（2）对社员民主管理权利的影响。合作社在发展初期没有遵循“三会制”的法人治理结构，而是完全由社长一人做主要决策。因此，在社员民主管理权利方面，核心成员（尤其是“能人”）的相关权利得到了充分的保护，而难以兼顾普通成员的民主管理权。在实地访谈中，社长也就这方面提出了自己的见解。

案例4：赵某谈道：“合作社一经成立，我们就制定了三会制的章程，但是在早期很难执行，所谓生意好做，伙计难搭，股东不齐心，活就没法做。所以在当时的条件下，基本上都是由我来决策社内的重大事务，合作社在起步阶段很难吸引优秀人才来协助经营，所以要靠我自己多年的企业管理经验来推进合作社的发展。”

从此案例可知，合作社在发展初期不可能实现民主管理，让普通成员也拥有一定的民主管理权，因为核心成员的能力更为突出，为了更大地发挥其在经营管理上的优势，需要核心成员掌握绝对的决策权。

案例5：王某，小丰营村人，2007 年加入合作社。对于自己在初期的政治权利，这样说：“当时赵总告诉我要成立合作社，都认识又是老乡，成立就成立呗，不就要个身份证吗，那我就提供一下，提供给他就把社员身份弄上了，后面还叫我提供身份证还要去选什么社长，弄什么其他的，我觉得很麻烦，我就跟他说那个东西我也不感兴趣，你爱当社长就当社长，爱咋地就咋地，我还要干我的农活呢。”

从普通成员的案例可以看出，在合作社发展的初期，普通成员不在乎其民主管理权的实现，因为他们普遍认为合作社刚发展时经济效益不好，因而没有利益可图。

综上所述，在合作社的发展初期，核心成员的权益得到优先保护，合作社的实际运营完全由核心成员决定，普通成员并不关注其经济利益和民主管理权利。

6.3　中期的组织结构及其对社员权益的影响

6.3.1　中期实际的组织结构

2009—2010 年，是绿菜园合作社的发展中期，随着合作社的经营规模不断扩大，发展能力逐渐增强，职能部门逐渐建立，其组织结构也向直线职能制转变。在此时期，合作社也没有遵循名义上的“三会制”法人治理结构，所谓的组织结构转型只是经济组织结构发生了相应的变化，实现部门的职能化。因此，在合作社的发展中期，合作社实际执行的是没有“三会制”的直线职能制的组织结构（如图 6－3 所示）。

在中期的经济组织结构中，赵 1 可以对宋 1 实行直接领导，并且在赵 1 和宋 1 下又设置了分别从事专业管理的职能部门，这些部门是上级领导的参谋。直线领导统一批准下达职能部门拟定的计划、方案，职能部门的作用只是业务指导，无权直接进行指挥。具体而言，赵 1 是组织结构中的最高层，负责统筹管理整个组织的运行，同时赵 1 还直接领导了一个销售公司，主要负责制订销售计划、规划市场渠道、加强品牌建设、对外业务沟通协调工作等。宋1下面设置了5个职能部门，包括财务部、内部审查员、农业技术部、质量管理部和综合管理部，宋1直接领导这5个部门，主要负责这5个部门拟定计划、方案的批准下达，同时这5个部门的主管人员要向宋1负责。

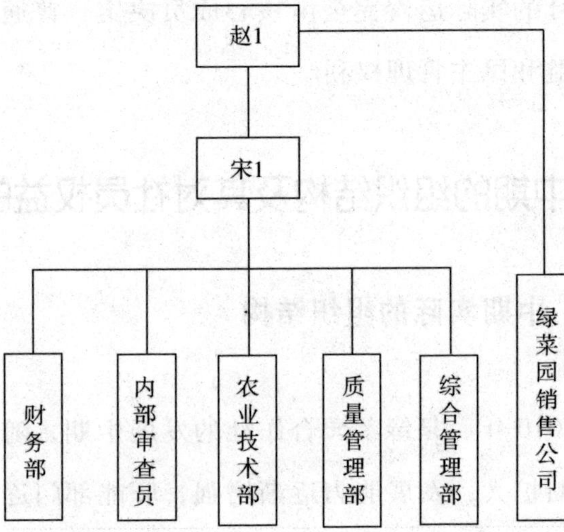

图6-3 中期实际组织结构

相比于合作社发展初期的简单的组织结构，合作社在发展中期的经济组织结构实现了向直线职能制的转型，比之前正规、规范，已经出现了职能部门的分工。在发展中期，合作社成立了专门的销售公司，通过公司来吸引销售方面的专业人才，还可以把一部分优秀的员工分布到具体的管理中去。为了实现效率的最大化，此时期合作社采用直线职能制的组织结构具有明显优势，它可以保证组织管理体系的集中统一，又可以在各级行政负责人的领导下，充分发挥各专业管理机构的作用。而这种组织结构也有一些不足，包括职能部门间较差的协作、配合性，其主要工作要向上级领导请示才可进行下一步的处理，不但使上级领导的工作负担加重，而且也降低了办事效率。为了改善这些不足，需要完善相关制度，从而使各方面的工作得以协调，发挥沟通作用，切实帮助高层管理者出谋划策。

6.3.2　实际组织结构对社员权益的影响

（1）对社员经济利益的影响。合作社在发展中期的经济组织结构相对于早期而言，已经更加完善，分工更加明晰，体现出了一种直线职能制的组织结构特点。合作社在此时期，已经具有了财务部、内部审查员、农业技术部、质量管理部、综合管理部和销售公司。在这样的组织结构中，其生产、销售分开，生产再进行内部化，同时出现了财务、人事、管理各方面的分工细化。在这样的一个过程中，因为实现了分工、进一步明确职责，使每个人都能专注于自己的工作，合作社的整体效率得到有效提高。

首先，合作社在此时期获得了非常大的一个经济增长。根据实际的调研数据，可以发现合作社的收入从 2007 年的 150 万元增长到 2010 年的 370 万元，增长了 146%，社员人数从 2007 年的 10 人增长到 2010 年的 200 人，增长了 190%。其中，一线社员（菜农）的平均工资从 2009 年的 5000 元增长至 2010 年的 6800 元，非一线社员的平均工资从 2007 年的 14000 元增长至 2010 年的 24000 元。其他的普通农民虽然通过入股的形式成为社员，但只是通过入股来分红，且分红极其有限。因此，参与合作社的核心成员（尤其是管理一线社员）的人均工资要远高于这些普通社员。

（2）对社员民主管理权利的影响。在中期的组织结构中，所谓的成员民主控制不过是把管理权集中于少数的核心成员手中，因为核心成员在前期的付出投入很大，从某种程度来讲也算是对他们的补偿。此时，普通成员根本参与不到具体的决策中来，通过实地调研，用几个典型案例予以进一步说明。

案例6：只某，女，小丰营村村民，48岁，2009年加入合作社从事有机蔬菜生产，当问及“你是不是合作社的社员”时，只某的回答是：“我也不知道自己是不是社员。”

这样的案例在实际调研中比较普遍，很多农户都不清楚自己是不是社员，可见社员身份都搞不清楚，又如何来行使自己的民主管理权利呢？

案例7：张某，男，小丰营村村民，45岁，2009年加入合作社负责蔬菜的具体生产管理工作，“我现在是组长了，我已经很满足，有钱了，至于领导的什么事情我就不管了，只要有好处就行了”。

在实际调查中发现，有70%的一线社员具有相似的观点，即合作社的经济效益越好，其收入就会得到显著的增长，而所谓的民主管理权利就必然要让步于经济利益，他们对收入的重视程度远高于实现其选举权、参与权、决策权等。

案例8：刘某，女，西红寺村村民，44岁，谈及社员身份和社里的事务参与情况，她说“我现在也挣上钱了，我是不是社员我也不清楚，我只知道他是社长，但是谁是监事、理事我也不清楚，每年也没有开社员代表大会，我也想再往上走一点”。

当然，还有一部分社员有一些民主管理权利的意识，但是对民主管理权利的具体内容并不了解，他们有实现自己民主管理权利的愿望，而其主要目的是能让自己进入管理的更高层级，来实现自身更大的价值。可见，民主管理权利对经济利益产生的积极影响，也会促使一些普通社员萌发实现其民主管理权的观念。

总体而言，合作社在发展中期时，核心成员和普通成员的经济利益都得到了一定的改善，但是核心成员和普通成员间的经济利益的改善程度还存在一定的差距，同时在政治权利方面，合作社的核心成员拥有绝对的管理权，而普通成员则被排斥在权利之外，难以实现其民主管理权利。

6.4　后期的组织结构及其对社员权益的影响

6.4.1　后期的实际组织结构

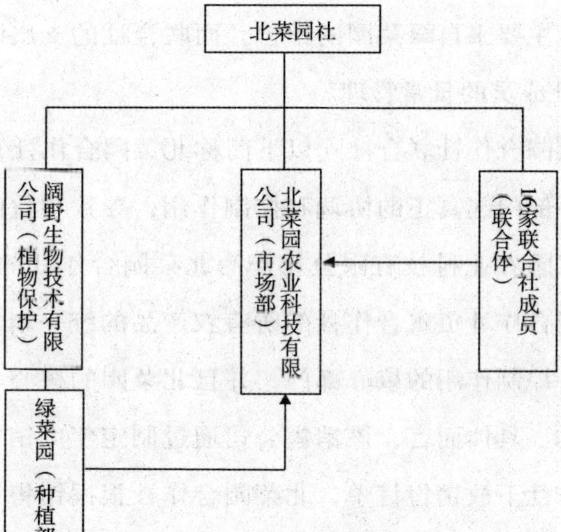

图 6－4　后期实际组织结构

2011 年，北菜园合作社正式成立，合作社实现了从单个合作社向联合社的转变，但是依然没有遵循名义上的“三会制”的法人治理结构，只是在经济组织结构上发生了相应的变化。具体表现为：在直线职能制的基础上，加强了横向的联合（如和其他合作社经营其他品牌——菜妞），又实现了纵向的延伸（如建立阔野生物技术有限公司）。在实际发展过程中，生物公司又成了绿菜园合作社的一个上游公司，销售公司则处于最下游。一方面，合作社的重点（90%）是销售有机蔬菜，而其余（10%）是通过16家联合社成员销售。通过这种混搭，有利于经销商的选择和销售的实现，有利于使蔬菜种类多样化。在这个组织结构中，联合社相当于一个领导者，重点是协调绿菜园、阔野生物技术有限公司和北菜园农业科技有限公司，如以销定产，或者制定品牌、或者对联合社成员进行管理等。同时，由于联合社处于初创期，其费用、收入主要来自绿菜园的销售，而联合社的支出则来源于对16家联合社成员的日常管理。

在北菜园合作社联合社（以下简称北菜园合作社）的实际运行中，核心部门起真正的协调和控制作用，导致利益向核心部门倾斜。北菜园农业科技有限公司作为北菜园合作社的下属部门，代表北菜园合作社负责合作社的所有农产品的统一销售，是实际发挥协调、控制作用的核心部门，并且北菜园的核心领导是领导销售公司的。具体而言，该销售公司通过制定年度销售任务，对北菜园合作社下放销售订单，北菜园合作社根据销售订单所要求的销售完成总量，对绿菜园合作社和其他16个基层社员分派销售任务，各分社要根据实际分配的销售任务来规划实际的生产总量并保证产品的质量。销售公司在规定销售产量的同时，也对各基层社规定了销售价格。

由于销售的价格由销售公司独立制定，并没有其他基层社予以参与。因此，销售公司在没有其他制衡力量的情况下，会做出有利于销售公司自己的决策。这样的决策方式会有利于销售公司，原因在于销售公司是帮合作社销售产品，从合作社购买产品再把产品卖出。在制定价格方面，销售公司肯定希望从合作社购买的产品价格最低，然后销售公司把产品卖得价格越高越好，从而赚取更多的利润。如果从合作社购买产品的价格比其他市场低，合作社可能不会把产品卖给销售公司。但是，这里有一个问题是其他合作社和销售公司是松散的联结，绿菜园合作社和销售公司是紧密的联结，所以绿菜园合作社受北菜园合作社的控制。绿菜园合作社生产什么品种的蔬菜以及按哪些标准来生产蔬菜，都是由销售公司来决定，所以绿菜园合作社在这方面非常被动。同时，在价格确定上，价格到底如何确定，是全凭销售公司决定，还是绿菜园合作社也有谈价议价的能力，这牵涉部门之间的协调问题。北菜园合作社在协调的过程中，由于赵某是销售公司总经理，因此他会在一些核心的利益方面选择向销售公司倾斜。如：在价格的制定上，可能会给绿菜园合作社较低的价格，从而使销售公司能获得更多的利润。绿菜园合作社在协调的过程中，由于其办公室下管理了很多的部门，办公室的管理人员也在利益上倾向于自己，如：办公室费用支出会较高。而在确定人员工资方面，其他部门并没有发言权。此外，核心成员制定了“三七开”的分配制度，但是普通成员没有参与制定，普通成员可能会不满意现行的利益分配，认为核心成员分配得较多，而普通成员付出了更多的劳动而不能获得更多的报酬，因此这里存在核心成员和普通成员的协调问题。

6.4.2 实际组织结构对社员权益的影响

（1）对社员经济利益的影响。在合作社的发展后期，合作社的经济实现了持续增长。根据实际的调研数据，可以发现合作社的收入从2011年的300万元增长到2015年的1300万元，增长了3.3倍；社员人数从2011年的258人增长到2015年的310人，增长了20.15%。其中，一线社员（菜农）的平均工资从2011年的10000元增长至2015年的50000元，非一线社员的平均工资从2011年的37000元增长至2015年的60000元。虽然，参与合作社的核心成员（尤其是管理一线社员）的人均工资还是要高于这些普通社员，但是普通社员（尤其是从事一线生产的菜农）的收入还是在持续增长。

（2）对社员民主管理权利的影响。在合作社的发展后期，合作社的组织结构对社员民主管理权利的影响更为复杂。赵某从绿菜园合作社的负责人变为北菜园合作社、北菜园农业科技有限公司的负责人，相当于是一人兼二职，但是北菜园成立后，对外名义上是承认严格按照“三会制”配置，但是实际上并没有自己的三会，而绿菜园依旧保留“三会”，但赵某也是绿菜园合作社里的社员。因此，这里就存在一个个人的反复交叉问题，所以在制定决策时，会非常有利于赵某。在这个过程中，普通成员还是被排斥在权利之外，他们没有实际的参与权。

在谈及为什么没有举办社员代表大会时，社长的回答是：“现在合作社有近300户社员，如果每个户都来三个人，会来上千人，增加了组织难度，而且每个人都七嘴八舌，根本讨论不清楚，还可能会坏事”。

所以这里就存在一个问题，合作社的这种一人一票制可能并不好，但一人多票制又很难确定。所以，在发展过程中应该有一个理事长的推选问题，最后要经社员代表大会讨论，但可能不能完全由社员来讨论，因为牵涉农村非常复杂的势力（如黑恶势力等）。所以在实际操作中，完全按照一人一票来实行民主管理比较困难，那么如何根据农村的实际情况实现合作社的民主管理，就非常值得进一步研究。

6.5　小结

本章对合作社的组织结构与社员权益进行了分析，并从名义组织结构和实际组织结构来描述和分析合作社的组织结构对社员权益的影响。对于实际的组织结构，依据合作社从发起、成立至今的整个发展历程将其划分为早期的组织结构、中期的组织结构和后期的组织结构。通过分析，得出以下结论。

在组织结构方面，合作社从成立初期到发展后期，从法人治理结构来看，合作社的法人治埋结构一直存在“名”与“实”的偏离，表现为合作社对外宣传上说明合作社是严格遵循“三会制”的配置，而在实际运行中，“三会制”的法人治理结构形同虚设，并没有发挥应有的权力制衡作用。从经济组织结构来看，合作社的经济组织结构一直处于变化之中，从早期的简单的组织结构向直线职能部门转型，合作社的规模得以不断扩大，且专业分工进一步细化。

由于合作社在“三会制”的法人治理结构上存在“名”与

“实”的偏离，使核心成员的权力没有相应的制衡和监督，致使普通成员难以实现其民主管理权。同时，合作社的经济组织结构的不断变化，有效提高了合作社的经济效益，使合作社的普通成员的收入也实现了逐年增长，有利于保护普通成员的经济利益。在合作社的发展早期和中期，普通成员更多关注于经济利益的实现，而在合作社的发展后期，普通成员不满足于实现自身的经济利益，也想拥有真正的民主管理权。因此，合作社在提高绩效的同时，如何实现一人一票面临更多现实的挑战。

因此，尝试提出一种好的解决办法：如推举出两名候选人，两名候选人通过社员的无记名投票来最终产生合作社的理事长，或者用同样的方式来选举理事会和监事会的成员，但不能选一个外行，因为这里存在一个问题：虽然有的人通过入股成为合作社的社员，但是他并没有在合作社内部从事各部门的轮岗或学习，所以在人力资源的管理方面还存在一些不足，如何培养下一代理事长的问题，还需予以更多的研究。

第七章　合作社的管理制度与社员权益

在对第六章的组织结构与社员权益的分析的基础上，本章对合作社发展初期、合作社发展中期和合作社发展后期（联合社）的管理制度予以描述和分析，并进一步探讨了不同时期管理制度对社员权益产生的影响。

7.1　早期的管理制度与社员权益

7.1.1　早期的经营管理制度与社员权益

（1）早期的经营管理制度。在合作社发展初期的前两年（2007—2008 年），合作社按照制定的收购价，从加入合作社的种植农户手中收购蔬菜，在一定程度上解决了农民销售难的问题。此时，合作社还是单纯意义上的销售合作社，没有规范的生产管理制度和分配制度。由于合作社早期的名义经济制度和实际制度一致，是一种简单的管理，如定产量、定利润，所以早期不存在实际意义上的经济制度，农民和合作社的关系较为松散。因此，本节就不再赘述合作社的名义经济制度，将在下文重点分析合作社的实际经营管理制度。

从组织成长的阶段来看，组织通常在成立初期采取和维护高度集权的管理方式，由于绿菜园合作社刚刚成立，因此为了更大地满足合作社的管理需要，保障合作社的决策效率，合作社势必会采用集权的管理方式，其经营管理制度表现为家长集权制的特点。在这种家长集权制的管理方式下，合作社的管理幅度较小。较小的管理幅度可以对下属实行严密控制，并且有利于明确分工、上下级易于协调。

（2）早期的经营管理制度对社员权益的影响。在合作社发展早期，由于核心成员间是一种抱团似的合作，从而实现利益共担和风险共担。因此，早期的经营管理制度是把核心成员的经济利益摆在优先地位。对此，从实地对核心成员的访谈中也可以反映出这种情况。

案例1：赵社长作为绿菜园合作社的理事长，谈及早期经营管理制度的制定过程时，有这样一段评述："合作社刚成立时，没有规范的经营管理制度，经营管理比较粗糙、简单。虽然这些制度不成规范，但也是我和几个主要的管理人员一起开会商量制定出的，在当时可以说是一种尝试。2007年我们是在做有机认证，然后开始按有机方式来做，但没有大量生产，因为做有机在当时不被大家看好，合作社也没有自己的生产基地，主要靠农户自家种植，露天作业又是搞有机，难度就更大了。所以我们主要的管理人员都承担的比较多，都在努力想办法把有机这件事搞好，把它当作事业来一直发展下去……"

案例2：宋经理作为绿菜园合作社的销售部经理，对于当时合作社发展初期销售的发展情况作了较为详细的回顾，他说："从绿菜园合作社一建立，就由我来负责销售，一是由于理事长对我的极大信任，因为我们以前一起在眼镜厂共事，他是总经理，我是副总经理；另一个是由于我本人对销售有一些实际的经验，对销售本身也比较有兴趣，当时村里一说要办一个合作社，我就第一时间跟随理事长过来了。起初做销售可以说是困难重重，如果只做普通蔬菜销售市场竞争力很大，所以我跟随理事长去市场也做了一些调研，我支持他提出合作社要发展有机蔬菜的想法，虽然销售这块可能会面临更多的挑战，但是我既然选择干了，就要坚持，并且要想办法把销售做到一个新的高度上去……"

从这些具体案例中，可以深刻地感受到合作社在初期时核心成员承担了更多的风险和责任，合作社的经营内容、销售管理都需要主要的核心成员来予以制定，在这些"能人"充分释放农民企业家的潜能时，合作社才能不断扩大经营规模、提高产出效率和经济效益，因此合作社在发展初期的经济制度由这些核心成员来制定有必然性，并且优先保护他们的经济利益是合理的。

对于普通成员而言，由于在发展初期的经验管理制度下，普通成员与合作社是简单的雇用和被雇用的关系，利益联结较为松散，因而使普通成员的经济利益不能得到优先保护。对此，在实地访谈中，一些普通成员也谈到了自己的认识，下面予以具体的案例说明：

案例3：林某，51岁，女，来自大丰营村，她是最早入社的成员之一，对于自己在合作社发展初期的经济收益情况，她回忆说："我本身学历不高，就是小学毕业，也没有什么技能，外出打工我也做不了，当时邻村搞了合作社，我就踊跃申请加入，

2008年的时候合作社有了自己的育苗间，我就到育苗间里做点活，当时每天就30元，每天工作8个小时，中午还可以回家，我可以接受。如果不接受，也可以提前向合作社申请离社。”

案例4：崔某，42岁，女，小丰营村村民，2007年成为社员，对于自己刚入社时的具体工作和收入情况，她说：“最早的时候合作社根本没有自己的基地，就是几间小房，还都是给管事的人用，我们种菜的农户就是在自家的地上种菜，种的菜就是按照社里的标准来种，然后统一卖给社里，一年下来收入就是够维持家里的日常吃喝，就是自己不用再操心去卖菜的事，都由社里来承担了。”

从普通成员的典型案例可以看出，合作社在发展初期由于在经济制度上优先实现核心成员的利益，因而和普通成员难以建立合作的关系。而普通成员对此也持默认的态度，他们更多的是从自身客观禀赋和自身贡献等方面来评价收入。

7.1.2 早期实际的民主管理制度与社员权益

（1）集权管理下的民主管理制度。民主管理是合作社的本质规定性之一，也是合作社政治制度的根本特征。所谓民主管理，就是说成员们无论是否出资、是否理事、监事，都是权力平等的，都是以一人一票为基础的（黄祖辉等，2011）。农民合作社的民主管理制度是实现合作社基本功能、维护社员权益的基本保障，它包括民主选举、民主决策、民主监督，核心是“一人一票”的选举决策机制（李尚勇，2011）。在实践中，民主管理包括成员充分的知情权、有效的参与权、平等的投票权，以及对决策过程的最终控制（苑鹏，2010）。在合作社发展初期，由于合作社的规模较小，合作社采取和维护高度集权的管理方式，组织结构呈直线型，具体而言，以理事长为首的管理层对合作社的各项业务活动拥有绝对的决策权，普通成员没有参与决策的机会。

虽然合作社成立时就制定了章程，虽然在名义上规定了民主管理制度，如：成员有权参加成员大会、可以对合作社的工作提出质询、批评和建议等，但在发展初期，实际的制度效果是合作社的民主管理停留在章程中，表现为：普通成员没有参加过成员大会，完全没有知情权和投票权，更没有监督权。

（2）早期的实际民主管理制度对社员权益的影响。合作社在发展初期没有遵守章程中的相关规定，没有坚持民主管理的原则，所谓的民主管理制度呈“依靠社长决策，核心成员间紧密合作，普通成员绝对服从”的特点。因此，在社员政治权利方面，少数几个核心成员处于决策的中心层，普通成员处于决策的外围层，这种“中心—外围”的决策结构，使普通成员难以拥有参与权、知情权和监督权。

在实地访谈中，对于核心成员完全来主导决策的制定，而难以实行民主管理，社长对此有自己的认识和评价。

案例5：赵某谈道：“合作社才成立时，菜农占社员的比重近60%。由于合作社成员人数较多，七言八语很难搞，100元的股东和1000元的股东享受政治平等，如果说三道四很麻烦。考虑的层次不一样，站的角度不一样，理解能力也不一样，会使得交易成本很高。所以，最终的决策只能是管理层来具体协商决定。当然这不是否认民主管理，而是现实操作比较难。”

从此案例可知，合作社在发展初期会优先保护核心成员的相关权利，一方面是合作社的发展需要“能人”来予以带动；另一方面是客观条件的限制需要“能人”充分发挥能力。

案例 6：王某，女，45 岁，小丰营村人，2007 年加入合作社。对于自己在合作社初期政治权利的实现情况谈道：“合作社刚成立那会儿，基本上我们这些菜农种什么菜都是合作社说了算，即使种不好也得种，因为合作社会定时来我们农户家里收菜，不是社里要的菜我们也卖不了……”

从普通成员的案例可以看出，合作社发展初期所制定的以“能人”为先的生产管理制度和分配管理制度也对合作社的民主管理制度产生了影响，使普通成员的民主管理权利难以得到实现。

综上所述，在合作社的发展初期，合作社在实际的管理制度中优先保护核心成员的权益，生产服务管理制度和分配管理制度由核心成员制定，民主管理制度发生了“名”与“实”的偏离，普通成员的经济利益不能得到明显改善，其民主管理权利也受到完全的剥夺。

7.2 中期的管理制度与社员权益

7.2.1 中期的经营管理制度与社员权益

2009 年，设施农业建设完成，合作社开始了真正意义上的运营。在生产服务管理制度方面，合作社只是简单地制订了一些生产计划，如定面积产量、定安全生产责任、定产品交售办法等。在分配管理制度方面，合作社采用“日工制”的管理模式，即规定种植农户每天的工资（40 元/天）。由于无论生产多少蔬菜、蔬菜质量如何都不会影响农户的收益，因此合作社在发展中期制定的生产管理制度与分配制度完全不能解决农民懒、散的问题。

“日工制”的管理模式实行后，由于人员成本过高，产品质量较差等问题凸显，合作社在正式运营的第一年不得不面临严重亏损的局面。经过成员会议商讨，合作社决定在2010年开始执行产量和优品率（定额生产）相结合的分配制度，以期解决人力成本过高、产品质量较差的问题。然而，辛辛苦苦一年，各方面虽有提高，但依然无法改变亏损的命运。合作社成员也怨声四起，合作社在生产管理与分配制度方面应该向什么方向发展？此时的合作社亟待一个正确的转型。

但由于合作社的实际生产服务管理经验不足，缺乏统一的计划种植来满足蔬菜的商品化，没有统一的农资供应来降低生产成本以及不能通过统一的病虫害防治来提高蔬菜产量，都会对普通社员的收入产生负面影响。下面结合一些案例来具体说明这些因素如何影响普通社员的经济利益。

（1）蔬菜种植品种选择与社员经济利益。合作社发展中期，生产基地普遍种植的是消费者常吃的“大路菜”，此时生产的蔬菜是有机转换期蔬菜，在市场上只能按无公害蔬菜来卖，由于同类蔬菜的市场供给较多，合作社没有足够的竞争优势，使合作社的销量难以得到拓展，影响了合作社整体的盈利水平，从而间接对普通成员的分红产生不利影响。具体情况如案例7所示。

案例7：A1，女，44岁，高中文化，来自大丰营村，自2009年合作社正式建立统一的生产基地后，她就比较关注蔬菜的品种和销售问题。她指出基地当时生产的蔬菜品种不多，而且都是大众菜，市场不好卖，合作社为了把菜都销售出去，多数菜都要按普通蔬菜卖，所以一年下来，合作社没有多少收益，就更不用提分红了。

（2）农资供应与社员经济利益。合作社发展中期，没有实现统一的农资供应，使合作社统采统购的优势难以发挥，同时菜农社员要自己解决一些农资的购买，这都在无形中增加了生产成本，对普通社员的经济利益造成负面的影响。具体情况如案例8所示。

案例8：A2，女，52岁，来自大营村，谈起合作社发展初期的生产资金问题，她回忆说："刚来合作社种菜的时候，虽说大棚建成，大家伙儿有了种菜的地方，但是农资资金让我感到有些困难，合作就是想多降些成本，不然和自己干也没什么区别……"

（3）病虫害防治与社员经济利益。由于合作社于2009年起正式申请有机认证，严格按照有机的生产方式来种植蔬菜，其中的一个重要标准就是不能使用任何化肥农药。蔬菜种植本身就多发病虫害，这给合作社防治病虫害带来了一定的挑战。当时，合作社的资金困难且缺乏技术人才，没有能力建立统一的病虫害防治体系，因为病虫害防治不利造成蔬菜减产的现象时有发生，蔬菜产量的降低也在一定程度上损害了普通社员的经济利益。具体情况如案例9所示。

案例9：A3，51岁，延庆县康庄镇大丰营村妇女，对于合作社发展初期大棚蔬菜病虫害多发的景象，她谈道："刚开始搞有机菜的时候，我们棚里经常会发生病虫害，有一次基地里连着好几个棚的小西红柿都遭了殃，有人想挽救损失，回家偷偷拿农药来杀虫，结果被发现了，还是社长亲自来监督把所有有问题的菜苗拔掉，产量也受了影响。"

那么，中期合作社所采取的生产管理制度，使普通成员的经济利益产生了哪些变化，本节从两个方面，即：普通社员自身经济利益比较、普通社员与未入社农民的经济利益比较来具体说明，并结合具体案例来进行描述和分析。

（4）社员加入合作社前后的经济利益比较。通过对比农民加入合作社前和加入合作社后的收入，试图从纵向比较清楚了解在合作社发展初期分配制度实施的前提下，普通社员的经济利益是否得到改善，具体情况如以下案例所示。

案例10：A4，女，51岁，小学文化，来自屯金营村。2006年，正式加入合作社前，由于没有更多的工作机会，她更多的是承担农村家庭妇女的职责，除了管理家里的2亩玉米地，空余时间就是打打零工、处理家里的一些琐事。2008年她的收入（包括生产经营收入和转移性收入）为4000元左右。日工制实施后，2009年A1的收入为4800元（40元/天，4个月）。可以看出，日工制实施后，她的收入与未入社前基本持平。

案例11：A5，女，49岁，初中文化，来自西桑园村。2006年，正式加入合作社前，她主要是负责家里的农业生产（1.2亩小麦），收入主要依靠丈夫外出打工（9000元），她的平均收入是4500元。2010年，优品率与定额生产结合的生产管理制度实行后，她的收入为5000元。由此可知，她入社后的收入相比入社前而言没有发生明显的变化。

由以上案例可知，在合作社发展中期实行的日工制和定额生产与优品率相结合的分配制度，并未使普通社员的收入较入社前有明显增长，因此从这个层面的比较来看，农民的经济利益没有得到有效的改善。

（5）社员和未加入合作社农民经济利益比较。通过横向对比加入合作社的社员和没有加入合作社农民（相同条件）的经济收入，试图更加客观清楚地了解在合作社发展中期的分配制度下，加入合作社的菜农的经济利益是否得到改善，具体情况如以下案例所示。

案例12：A6，女，58岁，初中文化，来自小丰营村。加入合作社之前，A6在2006年的工资性纯收入是3200元。加入合作社以后，2009年A6的工资性纯收入为3600元（40元/天，3个月）。对于未入社的农民A7，其与A6来自同村，且年龄相仿（52岁），文化水平相同，在未出去打工前，A7的工资性纯收入为3000元。2009年A7外出到延庆康庄镇上的一个火锅店打工，其工资性纯收入为8000元，共计9800元。由此可知，在A6入社前的收入与A7外出打工前的收入差别不大的前提下，A6加入合作社后的收入与A7外出打工的收入却表现出明显差异，即A7外出打工的收入明显高于A6入社种菜的收入。

案例13：A8，女，46岁，小学文化，来自马营村。在加入合作社前，A8主要负责照料家里，并管理家里的8亩玉米地，2006年A8的种植业经营纯收入（平均收入）为4650元。加入合作社以后，A8在2010年的工资性纯收入为5800元。对于与A8有相似个人禀赋的未入社的A9（44岁，小学文化），在外出经营买卖前，A9在2006年的纯收入包括种植业经营收入和工资性收入，其中种植业经营纯收入为1500元，工资性纯收入为3000元，共计4500元。A9随丈夫外出到康庄镇卖早点后，2009年其非农经营收入为8000元左右。在保持A8入社前的收入与A9未外出经营前的收入差别不大的情况下，A8加入合作社后的收入明显低于 A9 外出自主经营的收入。

因此，在合作社发展中期，合作社采取的两种分配制度，使加入合作社菜农的收入普遍低于相同条件未入社农民（包括外出打工、自主经营等）的收入，从这个方面比较来讲，入社菜农的经济利益没有得到明显改善。

7.2.2　中期的实际民主管理制度与社员权益

（1）基于集权的管理制度。在合作社的发展中期，其管理制度也是采用家长集权制，但是相比早期完全集权的管理制度而言，已经有所好转，尤其是职能制的改善。在合作社发展早期，无论是财务管理、人事管理，还是销售管理，都由社长一人做决策。中期来看，销售是分开的，人事是分开的，社长主管人事或者外事，有人专门负责销售，有人专门负责生产，生产下面又分成很多部门，分工层面更细化，能够有众多人员的原因是效率的扩大、生产的扩大，而合作社发展早期时候，就是几个核心成员协商来做决策，对普通成员是雇佣制。

虽然合作社中期的管理有所改善，决策不是完全由少数几个“能人”来控制，而是扩展到所有相关职能部门的管理人员来一起进行决策。但是，合作社在实践中，也没有实行民主管理制度。普通成员没有平等地位，并且其投票权、参与权、知情权和监督权等还是不能得到充分的保障。

（2）中期的实际民主管理制度对社员权益的影响。合作社在发展中期没有实行民主管理制度，实际的制度特征可概括为：核心成员集体协商做决策，普通成员仍难以参与决策。在中期的管理制度中，核心成员的管理权依旧得到优先考虑，因为他们直接参与了经济制度的决策，所以受经济制度影响，所谓的民主管理制度也会倾向于保护其相应的管理权。此时，普通成员根本还是不能参与实际的决策，通过实地调研，用几个典型案例来予以进一步说明。

案例 14：李某，女，小丰营村村民，43 岁，谈及入社进基地种菜后其权利的实现情况，她说："进棚种菜第一件事，就是把菜种好，我们一个人租四个棚，要努力才能经营好，至于权利什么的，我当时也没想那么多。"

在实地调研中发现，很多社员在合作社的发展中期的主要目标还是着眼于自身经济利益的改善，而对民主管理权利关注不多。

案例 15：王某，男，小丰营村村民，46 岁，2009 年加入合作社负责蔬菜的具体生产管理工作，"合作社有了统一的生产基地后，我就负责 2 区的生产管理。平时就是把菜农生产的一些问题解决了，解决不了的就上报，最终由他们来指导工作，我只负责好本职工作拿到合理的报酬就可以"。

通过实地访谈，大多数从事一线生产管理的社员在合作社发展中期时依然希望通过合作社的发展来带动其收入增加，所以其权利意识的发展要滞后于其经济利益的改善，经济利益必然优先于民主管理权利。

案例 16：何某，女，小丰营村村民，44 岁，谈及入棚种菜后社里事务的参与情况，她说："其实有时也想提提意见什么的，尤其是进棚种菜成本费增加了，担心自己经营不好，收入上不去，如果能参与还是好的。"

在合作社发展中期，有小部分社员已经有了权利意识的萌芽，他们希望能参与一些与自身息息相关的决策，通过民主管理权利的实现来更好地提升自己的收入，从而改善自己的经济利益。

总体而言，在合作社发展中期，合作社的生产服务管理制度和分配管理制度有所改进，但民主管理制度依旧停滞不前。虽然核心成员和普通成员的经济利益较初期有所改善，但是改善程度有限，普通成员的民主管理权利依然难以得到实现，所谓的投票权、监督权和知情权只受名义制度的保护，实际上还是优先保护核心成员的管理权。

7.3　后期的管理制度与社员权益

2011 年 4 月，绿莱园合作社作为发起人，成立了北莱园联合社。由于联合社只是一种松散的联合，而没有形成实质的联合。同时，北莱园联合社的主要生产经营主体是绿莱园合作社，其 80% 以上的经营收入都来自绿莱园合作社。因此，本节重点分析绿莱园合作社的后期经济制度及其对社员权益产生的影响。

7.3.1　后期的经营管理制度与社员经济利益

（1）后期的经营管理制度。鉴于合作社前期连续两年的经营亏损，2011 年经过全体核心成员的反复思考和讨论，有着多年工业经营经验的社长赵某，在广泛征求意见的基础上，高瞻远瞩，第一次开创性地提出了“三七开”分配制度。这种全新的分配制度包括四个方面：一是统一农资供应。由合作社为种植人员提供统一的农资保障供应，从而有效发挥合作社统采统购的规模效应，让种植户免除了资金和技术投入的担忧。二是确定科学的保护收购价格体系。合作社依靠多年的蔬菜种植经验，以产品的品类、生长期的长短、产量的高低、投入品的多少、用工量等多项数据为依据，同时考虑日光温室和春秋棚的不同等种种因素，通过精细的计算，再加上产品的合理利润，确定每个产品的保护收购价格。通过精细的计算做到了，无论种植哪种蔬菜，在相对条件下的种植收益差异较小。同时制定产品品质级别，确定了二级品质管理制度，从而确立了重要的价格体系。三是制定了公开透明的财务管理制度。依据合作社财务管理规定，要求财务核算单位务必最小、兑现时间务必最短，达到日清月结，建立了“水晶般透明的财务核算制度”。四是利润实现“三七开”分配。蔬菜收割后，在扣除成本和法定的费用外，所产生的利润种植户得70%，合作社得30%，同时合作社为种植人员上保险并提供其他的相关福利。

“三七开”的分配制度是将工业生产的成熟管理经验运用到农业生产的成功典范，是“六统一”管理制度实行的基石。该制度成功解决了农民的懒散问题，建立了一个全新的、透明的、权责分明的分配管理制度，极大地调动了农民作业的积极性，在解决农民增收问题的同时，解决了农业规模化经营科学管理制度建立的困局，是联合社可持续发展的基础。

在生产服务管理制度上，合作社积极探索合作社企业化的管理模式，首先在生产管理上实行分区管理。合作社以470亩设施农业基地为依托，按叶类、茎类蔬菜分区种植和管理，根据市场需求选择种植品种，不但种植黄瓜、长茄、西红柿、青萝卜、油菜、生菜、菠菜等消费者常吃的“大路菜”，还引进了彩椒、紫薯和雪莲果等一批具有市场前景的特色菜。统一采用滴灌、生物防治等生产技术，定期进行浇灌、施肥和病虫害防治，既节约了生产成本，又保证了蔬菜的质量。其次是在质量管理上严格实施四项制度，包括：一是标准化制度。实行统一种植规划、统一育苗、统一农资供应、统一病虫防疫、统一技术指导、统一品牌销售的“六统一”管理。二是循环检查制度。配备专人每日对设施大棚的温度、湿度、防疫、蔬果等情况进行抽查，抽查结果由工人签字确认。三是产品检测制度。对每一批蔬菜都要进行农药残留、等级认证等项目的抽样检测，检测合格方可销售，从根源上切断了不合格产品流向市场。四是产品溯源制度。对产品的每一个环节采用二维码追溯的现代科技，做到了对产品的实时监控，有效确保了农产品品质的监管和控制，拉近了消费者与产品的距离，为农产品的销售提供了保障。最后在销售管理上采取多种模式拓展销售渠道。合作社通过北菜园联合社服务平台，与北京北菜园农业科技发展有限公司深度合作。其主要销售渠道包括：“农宅对接”“社社对接”“农超对接”等多种销售模式，通过自建销售网络平台与京合农品、顺丰优选、我买网、沱沱公社、京东商城等多家农产品电商的合作，搭建了较为完整的线上销售网络体系。

（2）后期的经营管理制度对普通社员权益的影响。在合作社发展的后期，由于合作社推行“三七开”的分配管理制度，合作社与社员（包括一线社员和非一线社员）都建立了紧密的利益联结关系。其中，合作社的一线社员包括菜农、生产管理人员、销售管理人员和财务管理人员（除菜农外，其余三类均为核心成员），合作社的非一线社员包括土地入股但不在合作社工作社员和资金入股但不在合作社工作社员（见表7－1）。在一线社员中，菜农获取的经济收入包括种菜纯收入和按股分红；生产管理人员获取的经济收入包括基本工资、年终奖金和按股分红；销售管理人员获取的经济收入包括基本工资、提成、年终奖金和按股分红；财务管理人员获得的经济收入包括基本工资、年终奖金和按股分红。在非一线社员中，土地入股但不在合作社工作社员获取的经济收入为土地租金，资金入股但不在合作社工作社员获取的经济收入为按股分红。

表7－1　合作社社员经济利益联结机制

			利益联结机制
合作社社员	一线社员	菜农	种菜纯收入＋按股分红
		生产管理人员	基本工资＋年终奖＋按股分红
		销售管理人员	基本工资＋提成＋年终奖＋按股分红
		财务管理人员	基本工资＋年终奖＋按股分红
	非一线社员	土地入股但不在合作社工作社员	土地租金
		资金入股但不在合作社工作社员	按股分红

注：按股分红是社员根据其出资额在年底享有合作社从利润中抽取的一部分用于返还出资者的股息或者红利。

通过在实践中的不断摸索和总结，合作社在发展后期创新地制定出“三七分成”的分配管理制度，即合作社每年结合市场需求制定合理的价格收购蔬菜，然后将所得的利润与菜农“三七分成”，合作社占三成，菜农分得七成。同时，也制定了“六统一”的生产服务管理制度。那么，普通社员（尤其是菜农）在这样制度的实施下，其经济利益是否得到实质性的改善？本书从三个方面——菜农自身经济利益比较、入社菜农与未入社农民的经济利益比较，菜农和合作社间经济利益联结和分配，并结合合作社发展初期所用的具体案例来进行追踪描述和分析。

首先，从菜农自身经济利益比较来看，加入合作社的菜农在合作社发展后期的经济利益状况是怎样的？其经济利益是否得到有效改善？本书结合初期案例来具体说明。

案例1：虽然一分菜地需要十倍于一亩粮的投工量，需要更多的时间倾入，劳作持续时间比较长，但大营村的王某还是凭借自己的经验、毅力和细心来管理53—56号棚的蔬菜生产。2012年，合作社进入发展成熟期，“三七开”的实施让拥有二十多年蔬菜种植经验的王某的收入实现了明显的增加。2012年王某承包的四个大棚（暖棚）中，分别种植了西红柿、圆白菜、长白菜、绿萝卜和紫洋葱等，年收入近3万元。2013年王某在53号棚种植了黄瓜、西红柿、茴香和香菜，在54号棚种植了尖椒和大白菜，在55号棚种植了茄子和黄瓜，在56号棚种植了西兰花和芹菜，由于王某的悉心管理，减少了病虫害损失，并且所有种植的蔬菜中达到一等品的蔬菜达到60%（一等品价格提高30%），收入有了大幅度的增长，2013年王某的收入达到45230元。

由案例1可知，当王某销售给合作社的蔬菜收入较低时，其最终获得的利润份额较小，而随着王某销售收入的提高，王某所分得的利润份额会相应上升很多。造成这种现象的主要原因在于：一方面，从农民收入增加的角度来说，农民要获得更高的收入和获得更大的“蛋糕份额”，农民销售收入必须增加，而收入的增加主要取决于价格和产量，农民通过努力劳动和有效的劳动来增加产量至关重要，农民减少病虫害的发生以提高菜品的质量和品相从而增加礼品菜和一等品菜的销售也同样至关重要；另一方面，从合作社的角度而言，如何顺应市场发展优化产品结构、加强合作社品牌建设，有效提升销售价格，给农民一个更高的价格也非常重要。同时，另一个有趣的现象是王某最终分得利润的比例与销售收入呈正比例变化，其原因在于：一方面，农民能否获得销售菜品的规模经济，当农户当月产量较低，而投入较高的时候，自然的农民的利润较低，分配的利润占收入的比例较低，合作社的经营管理成本（比如固定资产折旧）、相应的一些服务不会因为农民产量的降低而减少，因此当农户出现病虫害而不得不全部拔掉菜苗的时候，这时候农户的损失就会比较严重，而此时，合作社并不会对农户的各种投入做出减免，需要农户对他们的经营不善而负责，当然这里面可能也并非完全是农户的责任。另一方面，农户某个月投入的急剧增长而产量较低也和蔬菜的生长周期有关，蔬菜生长周期通常为 3 个月，一般情况下，农户会对 4 个大棚进行分散种植安排，使得每个月都会有投入和产出，但是某些个别的月份，因为合作社安排种植的原因或者是气候的因素，可能出现某个月份 2—3 个大棚集中种植的问题，使该月投入较大，而产出较低，从而导致其收入较低，利润更低。除每月收入、利润的现象分析外，从王某在合作社发展成熟期的整体收入变化来讲，其纯收入得到了有效的增加。

案例 2：对于文化程度较低（小学四年级）、没有专业技能和蔬菜种植经验的杨某而言，她加入合作社后选择承包劳动时间较短和容易监督管理的春秋大棚，不同于暖棚的全年劳动和生产反季节蔬菜的技术难度，杨某在合作社发展成熟期的年收入没有暖棚菜农高，但相比自身而言，还是获得了明显的改善。杨某 2012 年承包了 4 个春秋大棚，种植品种包括：西红柿、冬瓜、茄子、芹菜、黄瓜等，当年劳作时间为 8 个月，收入共计 12000 元。2013 年，杨某继续承包了四个春秋大棚，同样劳作了 8 个月，种植品种包括：圆白菜、莴笋、芹菜、黄瓜、西红柿等，当年收入达到 16000 元。对于收入连年增加的情况，杨某直言对自己目前的收入基本感到满意，希望合作社能安排种植更多有更高市场价值的蔬菜，也希望自己能种植更多高品质的有机蔬菜（礼品菜和一等菜），使其收入有更大幅度的增长。

从杨某的案例可知，农民收入连年增长的主要原因在于：从农民自身来看，随着农民在生产实践中的种植经验不断增长，劳动生产率不断得到提高，农民的蔬菜生产的数量更多且品质更好，其收入会得到相应的提高；从合作社的生产服务管理制度来看，合作社每年初会根据市场行情进行种植品种安排，农民在既定的种植安排制度下进行统一生产，便于合作社的监督管理，并减少农民相应的服务费用支出，也对农民的收入提高有积极的作用。

从菜农自身的经济利益比较来看，菜农收入的增长幅度较大，菜农收入的结构愈加合理，菜农在合作社发展后期的收入有了较为明显的改善。其原因主要是合作社为菜农提供了有效的技术供给与管理、合作社建立了自己的品牌并加强了产品的质量管理，使得合作社的规模效应得以显著改善，降低了农户信息、监督和执行等交易成本，从而增加了菜农的收益。

其次，从菜农和未加入合作社农民经济利益比较来看，通过比较加入合作社的菜农和未加入合作社的农民在合作社发展后期的经济利益，使我们更加清楚地了解到这两类农民在发展后期的经济利益状况是怎样的，尤其是相比相同条件未入社农民而言，入社菜农的经济利益是否得到有效改善？本书结合初期案例来具体说明。

案例3：来自小丰营村的孙某年龄较大，也没有其他的就业途径，自从合作社实现规范发展以来，她逐渐掌握了有机蔬菜的种植技术，2012年孙某承包37—40号暖棚，种植品种包括香菜、圆白菜、圣女果、芹菜、茼蒿、青椒等，当年孙某的纯收入为32000元。2013年孙某继续承包暖棚，并且在37号、38号棚种植1.2亩绿尖椒，在39号棚分别轮作种植0.6亩茴香球、0.6亩绿菜花、0.6亩圣女果，在40号棚轮作种植0.6亩紫甘蓝和0.6亩绿柿子椒，当年孙某的纯收入达到47000元。在合作社进入发展后期后，孙某的收入呈逐年增长的趋势，并且增长幅度较大，这让没有合适就业途径的孙某不但拥有了更强的生产积极性，而且在种菜这项创造性的工作中感受到了收获的快乐，进而实现了孙某自我价值的最大化。而对于来自金屯营村的未加入合作社的赵某而言，她的年龄与孙某相仿，文化水平与孙某相同，她选择外出打工从事服务行业，在康庄镇的火锅店里只能做普通的配菜员。2012年赵某的纯收入为21000元，比当年孙某在合作社种菜的纯收入低了52.3%；2013年赵某的纯收入为24000元，而当年孙某在合作社种菜的纯收入已经为赵某外出打工的近两倍。

案例4：来自马营村的只某加入合作社后两年，通过合作社的一系列技术培训和合作社自备技术员的技术指导，只某对有机蔬菜的种植有了更深的理解，遇到问题随时都会向组长请示，并能够及时得到技术员的现场指导。在这样的背景下，只某的蔬菜产量和蔬菜品质都得到了明显的提高。2012年只某承包的春秋大棚（17—20 号棚）中，种植品种包括：油菜、球生菜、圆茄子、西红柿、西葫芦、樱桃萝卜等，当年王某的种菜纯收入为 14000 元，种植业经营纯收入（人均收入）为 4700 元，共计 18700 元。2013 年只某的蔬菜种植品种包括：圆白菜、西红柿、黄瓜、圆茄子、西兰花等，当年只某的种菜纯收入为 23000 元，种植业经营纯收入（人均收入）为 5000 元，共计 28000 元。由于只某在合作社种植有机蔬菜具有一定的稳定性，并有效减少了生产、经营上的风险，收入处于稳步持续增长的态势，而反观外出从事非农经营的刘某由于市场不景气、经营风险较大等客观条件的影响，收入具有不稳定性，长远发展来看会出现收入增长后劲不足的情况。具体而言，未加入合作社的刘某虽然与只某年龄相当、文化相同，但自 2010 年跟随丈夫外出卖早点后，2012 年刘某的非农经营纯收入（人均收入）为 15000 元，种植业经营纯收入为 3400 元，共计 18400 元，略低于当年只某在合作社种菜的纯收入。2013 年，刘某的种植业经营纯收入（人均收入）为 5000 元，当年的非农经营收入为 18500 元，总计 23500 元，比只某在合作社的种菜纯收入低 19%。

从菜农和未加入合作社农民经济利益比较来看，入社菜农在合作社发展后期的收入普遍呈持续快速增长的趋势，而未入社农民的收入却处于低水平徘徊或不稳定的小幅增长中。因此，入社菜农的经济利益更好地得到了改善，合作社确实起到了带动农民增收的效果。其原因可能是菜农的有机蔬菜生产经验增加，有机蔬菜种植规模不断扩大，降低了菜农信息获取和生产监督的成本，同时随着菜农生产效率的提高，合作社的产品质量控制加强（质量管理制度的影响），使菜农的产品质量普遍得到提高，显著降低因价格波动带来的风险，菜农的收益得到明显增长。

最后，从菜农和合作社间经济利益联结与分配来看，在合作社发展后期，菜农和合作社的经济利益联结是否更加紧密？菜农和合作社采用何种经济利益联结方式？菜农在合作社发展中的经济利益分配是否更加合理？以下用追踪案例来予以描述和分析。

案例5：在合作社进入发展后期时，来自西桑园村的娄某已经拥有了三年的有机蔬菜种植经历。2012年初，合作社正式实施“三七开”分配制度，进一步降低了农民的生产压力和生产风险，农民的生产积极性得到了有效的提高，促进了蔬菜产量的增加，并保证了蔬菜的品质。由此，合作社与农民的利益联结由发展初期的松散变为发展成熟期的紧密。同时，合作社与农民的利益联结方式不但包括发展初期为农民提供无偿的技术服务，还根据每年的市场行情制定合理的收购价格收购农民的产品。2012年娄某承包了4个春秋大棚，当年纯收入为13200元，收入较2011年增加了9%。2013年娄某继续在承包的春秋大棚种植有机蔬菜，且蔬菜品种更加迎合市场需求，当年娄某的种菜纯收入达到21000元，收入较2012年增长了59%。在紧密的利益联结和更加灵活的利益联结方式的推动下，娄某收入的成本结构产生了相应的变化。从娄某收入的成本结构来看，其收入的成本包括投入费用，公积金［10%×（收入－费用）］和合作社30%的提成利润。

当农民某月蔬菜的销售收入较低时，农民的成本结构中所占比例较大的是投入费用。比如1月，农民的收入较低，达到1100元，而此时投入费用的占比为83%。当农民某月蔬菜的销售收入较高时，农民的成本结构中所占比例较大的是合作社提取的3成利润。如12月，农民的收入较高，达到11750元，这时合作社收

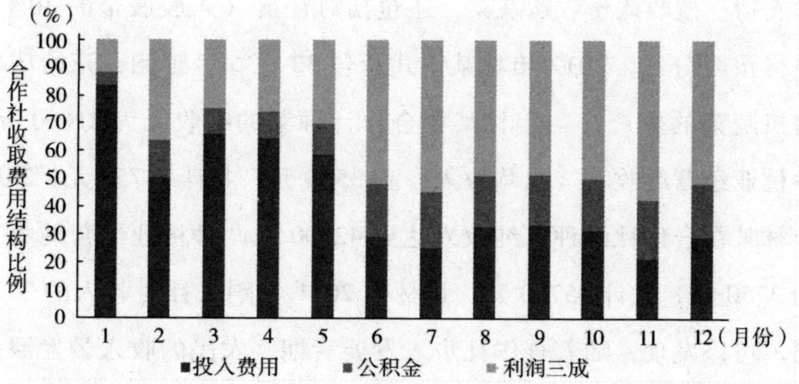

图7-1　2013年费用、公积金与利润

取的管理成本占比较大的是其提取的利润。这说明当农民获得的“蛋糕份额”较小时，农民最重要的成本是投入费用；而当农民获得的“蛋糕份额”较大时，合作社收取的最大成本是利润。此外，公积金占成本比例相对比较稳定，并未随收入的改变而变化。当合作社发展愈加成熟，规模经济的效果能够充分体现，农民的纯收入可以有效增长，经济利益分配也会更合理。

案例6：来自小丰营村的林某是加入合作社较早的社员之一，2012年合作社全面实施工业化管理模式，推行滚动生产和“六统一”，即由合作社统一计划种植、育苗、供应农资、防治病虫害、加工和销售，打破了传统农业一茬收割再种一茬的规律，实现合作社每天都有30种菜供应市场。由于合作社蔬菜生产品种的增加，生产规模相应扩大，2012年暖棚数量增长至206个。经营规模的扩展带动了农民收入的增加，使合作社的“三七开”分配制度顺利实施，从而使农民的利益与合作社的利益紧紧绑在了一起。2012年林某以每年200元入股合作社，并正式成为社员。合作社与社员的利益联结方式除了对普通菜农提供低偿的信息、技术支持、按收购价收购蔬菜，还包括对社员（入股股金的 30%）进行按股分红。2012 年林某正式承包 33—36 号暖棚，开始从事有机蔬菜的生产，当年林某在合作社种菜的纯收入为 21600 元，种植业经营纯收入（人均收入）为 3500 元，共计 24750 元。2013 年林某在合作社的种菜纯收入达到 42000 元，种植业经营纯收入为 3750 元，共计 45750 元，是林某 2011 年刚入社时收入的 3. 78 倍。可以发现，随着合作社步入发展后期，农民的收入较发展初期而言有了较大幅度的增长，合作社与农民的经济利益分配更加合理。

从菜农和合作社间经济利益联结与分配来看，在合作社发展后期，合作社与菜农的利益联结更加紧密，二者之间的雇佣关系向合作关系转变，并向合作进程迈进。同时，合作社与菜农的利益联结方式采用低偿的信息、技术支持，按保护价收购农民生产的蔬菜，并根据社员入股股金按比例进行按股分红。无论是基于发展后期和发展初期的菜农收入比较，还是基于发展后期菜农收入的增长幅度分析，菜农在合作社发展后期与合作社间的经济利益分配都更加合理。

（3）后期经济制度对核心成员权益的影响。首先，从生产管理人员的经济利益来看，在合作社发展过程中，生产管理人员（是指包括理事会成员在内的与生产相关的管理人员），比如理事长、负责生产管理的组长、负责生产技术指导的技术员，他们与合作社一直保持基本工资、年终奖和按股分红的利益联结。本书下面以组长为例，来具体描述和分析后期经济制度实行下的生产管理人员的经济利益情况。

案例 7：宋某，55 岁，来自小丰营村，2009 年通过资金入股成为合作社社员，2012 年正式成为基地二区组长，负责该区的生产管理工作。对于其基本工资，合作社结合基地的生产量制定出全年的生产任务，生产任务合算到每月每日，做到日清月结，并在全年生产任务完成的基础上按月给组长等生产管理人员支付基本工资，刚入社时宋某的月工资基本维持在 2200 元。对于宋某的年终奖，合作社按照完成全年总任务超出部分的 5% 的规定来给生产管理社员发放年终奖金。对于生产管理社员的按股分红，合作社按照出资额的 30% 按年予以返还，如宋某 2009 年入股资金为 2000 元，其当年的按股分红所得为 600 元。

随着合作社的发展成熟，其生产基地不断扩大，盈利水平不断提高，生产管理人员的经济权益也会有明显的改善，尤其是其基本工资和年终奖会逐年增加，从而更好地激励生产管理人员的工作积极性，有效提高其工作效率。

其次，从销售管理人员的经济利益来看，合作社中的销售管理人员（是指包括理事会成员在内的与销售相关的管理人员），比如销售部经理、普通销售人员等，他们与合作社的利益联结方式为基本工资 + 提成 + 年终奖 + 按股分红。本书以普通销售人员为例，来具体描述和分析现行经济制度下销售管理人员的经济利益情况。

案例 8：张某，30 岁，来自小丰营村，2010 年通过资金入股成为社员，并从事合作社的销售管理工作。对于其基本职责，张某感慨其工作的困难和压力较大："销售是合作社盈利的关键环节，必须做好才行。"张某的基本工资是合作社基于销售量制定出全年的销售量，合算到每月每日，做到日清月结，并在完成全年销售任务的基础上予以支付。刚入社从事销售管理工作时，张某的月工资基本维持在2300元。对于张某的提成，合作社每年按超出全年任务的6%提成，提成的多少与合作社的销售量多少直接相关。对于张某的年终奖，合作社按照完成全年总任务超出部分的5%的规定来给销售管理社员发放年终奖金。而对于销售管理人员的按股分红，合作社按照出资额的30%按年予以返还，如宋某2010年入股资金为1000元，其当年的按股分红所得为300元。

随着合作社销售渠道的有效拓展，自身竞争力的提升以及品牌知名度的提高，合作社的盈利逐渐增长的同时，销售管理人员的经济权益改善较为明显，尤其体现在其提成的增加。

再次，从财务管理人员的经济利益来看，合作社中的财务管理人员主要是指从事财务管理工作的社员，其与合作社的利益联结包括基本工资、年终奖和按股分红。本书以财务主任为例，来具体描述和分析经济制度下财务管理人员的经济利益情况。

案例9：哈某，50岁，来自小丰营村，2009年通过资金入股成为社员，并担任财务部门主任一职。对于其经济利益的变化，哈某说："合作社刚开始从负转盈时，我们负责财务人员的基本工资和生产、销售人员基本保持一致，随着合作社的发展壮大，我们的工资也保持着相同的增长速度……对于年终奖，合作社的规定一直都没变，只是超出规定完成任务部分的比例越高，我们的奖金也会越多……合作社对于入股股金有一定的金额限制，即每股最低100元，最高上限为10万元，分红一直保持按出资额的30%分。"可见，哈某经济利益的变化主要表现为其基本工资和年终分红的逐年增加。

随着合作社的规范发展，财务管理人员工作经验的积累以及效率的提高，财务管理人员的经济利益也会得到一定的改善，从而有效促进合作社的整体盈利水平的提升。

最后，从其他普通社员的经济利益来看，合作社中的其他普通社员包括土地入股但不在合作社工作社员和资金入股但不在合作社工作社员，且其与合作社的经济利益联结方式分别为土地资金和按股分红。本书以这两种类型社员为例，来具体描述和分析现行经济制度下这类普通成员的经济利益情况。

案例 10：李某，47 岁，来自小丰营村，其于 2009 年通过土地入股成为合作社社员，但是他没有选择入社工作，而是选择外出打工。作为非一线社员，李某从合作社获得的经济收入为土地租金。2009 年，李某通过流转 4 亩土地给合作社，从 2009 年到 2012 年的每亩 800 元收入（每年 3200 元），增长到 2013 年以来的每亩 1000 元收入（每年 4000 元），随着合作社从发展期转为成熟期，李某的土地租金收入也随之增加。

案例 11：王某，51 岁，来自乐红寺村，其于 2011 年通过资金入股成为合作社社员，但是王某没有入社工作，而是选择去城镇里的建筑队打工。每年，王某可以从合作社获得的经济收入为按股分红。2011 年，王某入社出资金为 6000 元，按照合作社的相关规定，合作社每年以社员出资额的 30% 予以分红，王某每年的按股分红为 1800 元，虽然目前按股分红的规定还没有新的变化，但是在一定程度上也增加了其经济收入。

由案例可知，随着合作社步入发展成熟期，土地入股但不在合作社工作社员的经济利益得到有效改善。对于资金入股但不在合作社工作社员的经济权益，根据社员入股资金多少和入股时间长短来实现其长期经济利益的改善。

7.3.2 后期经营管理制度与社员权利

在一个正式组织的制度安排中，真实权利的分配在不同的制度影响下会呈现多样化的特点。通过对普通成员的访谈发现，首先成员放弃了他们对主管成员（核心成员）的有关投入价格的决策权。合作社要求成员标准化生产，要求成员使用何种投入品以及如何使用这些投入品，合作社事先已经与成员签订契约。对于合作社而言，这是一种控制产品质量的方法，而对于社员而言，他们想放弃这些决策权来获得如何生产的技术指导，获得由合作社基于生产成本提供的种苗等农资投入品。成员放弃他们的价格决策权，因为他们的生产规模小且信息收集效率低。对于从事一线生产的种植社员来说，小生产规模意味着获得市场信息的代价高昂，并且小农很难进入市场。相反，合作社有更好的能力来收集和分析市场信息，并且带领成员大规模进入市场。其次，普通成员积极希望能参与制定如数量、质量标准、技术培训和投资的决策。数量决策和质量决策对所有成员都很重要，因为生产的多少以及生产质量的高低会直接影响其收入和分红。因此，普通成员有足够的动力来参与政策的制定，但实际中却难以参与。最后，合作社由核心成员来制定金融政策。虽然成员为了防止风险对金融问题十分小心，但是普通成员却没有在金融政策上的决策权。

基于此，以下从农民参与投入品价格决策、销售价格决策、收入分配管理决策、发展社员和分红决策以及种植结构安排决策五个方面来进一步研究现实中合作社发展后期经济制度的实行下普通社员权益的实现情况。

（1）投入品价格决策参与中的农民权益。从 2011 年开始，合作社在每年初均要制定一个《成本核算表》来规定当年蔬菜的种植品种、蔬菜种植投入品价格以及蔬菜收购价格。由图 7－2 可见，合作社收取农民投入品的费用主要包括种子/种苗费，肥料费、防疫费、水电费、植物生长期的土地流转费（4 元/天）、公积金。其中肥料费指鸡粪、牛粪、有机蔬菜专用肥、沼渣和沼液等费用，合作社为社员统一提供鸡粪和牛粪，并从自建的沼液池中将高温发酵而成的沼渣和沼液作为菜农施肥和追肥的底料，因此需要从社员的总收益中扣除肥料成本；防疫费指合作社为社员有效防治病虫害提供的生物农药、防虫网、虫灯消害和其他先进杀虫设备的所需费用，因为由合作社统一提供，所以需要从社员的总收益中扣除防疫成本；植物生长期的土地流转费是大棚所占土地收取的土地费用，由于合作社的蔬菜生产基地的土地是从小丰营村的农民手中流转过来，合作社每年要支付给流转土地农民定额的流转费，这部分费用需平摊到种植社员的支付成本中，因此合作社要对种植社员按每天 4 元的标准收取土地流转费；公积金是合作社从种植社员的纯收入中按 10% 的比例收取的用于弥补合作社亏损、扩大生产经营或者转为成员出资的资金，由于《合作社法》规定公积金可以通过成员大会决议从当年盈余中提取，因此合作社经决定后向种植社员收取公积金。

从图 7－2 可以看到，基于种菜社员的整体满意度，社员普遍认为投入品收费过高（超过均值的达到四项，包括种子/种苗费、肥料费、防疫费和公积金）。对于种子/种苗费，种菜社员中有 62.5% 的人认为该项收费过高，这可能与合作社本身的采购价格有关，随着种子/种苗费的采购价格的不断上升，合作社也逐年

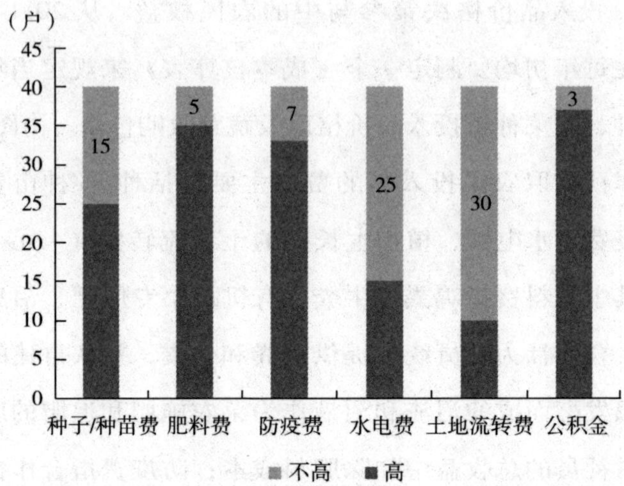

图 7－2　合作社种菜社员对种菜投入品价格的满意度

提高这项费用的收费标准。对于肥料费，种菜社员中有 87.5% 的人认为该项收费过高，尤其是社员普遍认为有机蔬菜专用肥的价格较高，原因可能是有机肥的每年的费用增长幅度较大，且有机肥的施用量较大。对于防疫费，种菜社员中有 82.5% 的人认为该项收费过高，可能的原因是生物农药近几年的价格稳中有升，合作社的购买价格也随之逐年增长，同时生物农药的防治效果不理想，与其增长的收费价格不匹配。对于水电费，种菜社员中只有 37.5% 的人认为该项收费过高，原因可能是水电费是平摊到每个种菜社员的费用中，所有种菜社员的收费并无差异，所以社员普遍认为收费合理。对于植物生长期的土地流转费，种菜社员中只有 25% 的人认为该项收费过高，可能的原因是同水电费一样，土地流转费也是平摊到种菜社员的费用中，按每天 4 元收取，社员普遍认为该项费用可以接受。对于公积金，种菜社员中有 92.5% 的人认为该项收费过高，可能是因为公积金是从每个社员的纯收入中按10%收取，社员70%的利润中实际获得的纯收益只占60%。

基于合作社种菜社员对投入品价格的整体满意度的分析，下面结合具体案例来生动地展现社员的满意度及其表达过程的图景。

案例：来自大丰营村的黎某，女，52岁，初中文化，谈及其对合作社投入品收费的主观感受，黎某说："现在的种苗费是越来越高了，上一茬是一个价，到了下一茬就又涨了……有机肥的收价也高，用的量大，价格也是逐年上涨，尤其是果类蔬菜生长周期长，中期还要增加营养肥，一套肥就120元，一个月就用一套……种菜用的生物农药也是每年都涨，而且防治的效果也不好，不值那个价……水电费和土地流转费都是大家伙平摊，还算合理，所以都能接受……公积金从我们的利润里扣，我认为有些高，本来就只有七成的利润，而且公积金是干嘛用的我们也不清楚……"对于"你是否参与了投入品费用的制定过程"这一问题，黎某的回答是合作社统一制定收费标准和价格，种菜社员并没有参与。对于"当你认为收费过高，是否有渠道来表达异议"时，黎某说："一般这些问题就是找组长说，让组长给我们解决，组长如果解决不了就会把我们的意见向社长反映，但一般都是以大家都一样的说法来回复……"

由此可知，种菜社员普遍对种菜投入品的价格感到不满，也不能参与价格的制定，这种被动性使她们在谈判中处于弱势地位，仅有的申诉渠道就是和基地片区负责的组长表达意见，但一般不会得到有效的解决。

（2）销售价格决策中的农民权益。合作社对有机蔬菜按等级进行销售，依次分为礼品菜、一级菜、二级菜和等级外蔬菜。礼品菜的利润高达130%，其次的售价排序为一级菜、二级菜和等级外蔬菜。按照蔬菜的品质和市场需求，种菜社员平均产出的礼品菜、一级菜、二级菜和等级外蔬菜分别占整个销售的10%、60%、25%和5%。从平均的销售比例来看，种菜社员的销售价格收入主要以一等品蔬菜为主。由于等级外蔬菜一般按照普通蔬菜的价格出售，价格远低于一等菜和二等菜，因此种菜社员想获得更高的收入的一个重要前提是其生产的蔬菜质量好，且有较大的市场需求，能够更多地按礼品菜的价格出售。根据实地调研发现，种菜社员对销售菜品价格，即礼品菜、一级菜、二级菜和等级外蔬菜价格的满意度较高，尤其是对礼品菜的满意度最高（90%），其次为一级菜（80%）。相比之下，种菜社员对二级菜和等级外蔬菜的满意度不高。下面，本书结合具体案例来描述和说明种菜社员对销售菜品价格的满意度。

案例1：在实际调研中发现，虽然多数社员对一等菜的价格感到满意，但也有个别农民表现出不满。如来自马英村的尚某，她于2009年入社并成为社员，对于“一等菜的售价是否感到满意”的问题，尚某说：“一等菜价格很高，是相对于我而言，是相对于我卖的普通菜（二等菜和等外菜）而言，但是合作社他们卖给外面的价格比我卖给他们的还要高很多，这样看来我卖的并不高。”

案例2：对于二等菜的销售价格，虽然多数农民表示一般满意，但有个别农民也表达出非常不满意，如来自郭家堡的王某，她于2011年入社并成为社员，对于“二等菜的售价是否感到满意”的问题，王某这样说：“我辛辛苦苦种的菜虽然是一等菜的品质，但是卖了二等菜的价格。不怪我没有努力种，也不怪我菜的品质不好，而怪合作社经营不好，销售搞得不好，还有国家大的环境不好，现在正兴反腐，导致我的礼品菜和一等菜卖得少，我的好菜卖成了差菜，对我们合作社有机蔬菜的经营来说，有机菜本身的成本就很高，本身的价值也很高，但没有真正体现出有机蔬菜的价值。”

案例3：对于等外菜的销售价格，大多数农民感到不满意，如来自小丰营村的林某，她成为社员以来，一直积极种菜，努力让菜的品质更好，以便让一等菜更多，对于“等外菜的售价是否感到满意”的问题，她说：“我种的一些菜虽然品质不太好，卖不了礼品菜和一等菜，但是我的菜是二等菜的品质，最后卖成了等外菜，为啥按等外菜卖呢，因为卖不出去，今年西红柿难卖，导致这个季节大家都供应出来，市场上供大于求的现象出现了，使得我的二等的西红柿，因为怕烂最终卖成了等外菜。如果合作社能在保鲜措施上、运输时效上、季节把握上做得更好，品牌建设得更好，能卖更多的其他菜，那么我的等外菜有可能卖上一个好的价钱……”

案例4：对于等外菜的销售价格，也有个别农民表示满意，如来自小王庄的孙某，她于2013年正式入社成为社员，对于“等外菜的售价是否感到满意”的问题，她说：“我觉得满意，我种的好的菜卖成礼品菜、一等菜、二等菜，剩下的等外菜确实是我菜的品质不好，自己没经营管理好，运输过程中的损耗还有保鲜上的问题，难以避免得有一些等外菜，如果卖这样的价格我是可以接受的。”

由上可知，合作社对蔬菜售价实现等级划分具有一定的合理性，一方面可以有效提高种菜社员的生产效率，激励其种植更多更好的蔬菜；另一方面这也是市场优化的一个必然结果。

（3）收入分配管理决策中的农民权益。2012 年 1 月，合作社正式实施“三七开”的利润分配制度，即大棚种出的蔬菜由合作社以适当价格收购，再将所得的利润与农民“三七”分成，合作社占三成，农民分得七成。相比以前按工资结算的松散的利益联结，“三七开”制度的实施使农民和合作社的利益联结更加紧密。自从“三七开”分成制度实施以来，合作社的财务部门每月给农民发放一个费用清单，内容包括：不同种类、不同等级蔬菜的产量和金额，成本费用，工资（包括公积金，剩余利润和农民实际所得利润）。从实际调研中发现，73%的农民会对自身和合作社产生的费用进行详细的记录，但是只有 21%的农民清楚利润的计算公式并能够计算自己的实际所得利润。

总体看来，合作社种菜社员对“三七分成”的满意度一般。结合实际调研，发现多数种菜社员对利润的“三七分”成满意度一般的原因主要是“三七开”只是名义上的利润分配，而实际上扣除公积金外，只是“四六开”，即农民分六成，合作社分四成。这里对合作社的公积金作一个详细的说明，由于合作社生产成果总量在一定时期内是确定的，从其总盈余中提取一定比例的公积金会导致社员当期的分配收益减少，所以合作社必须将其积累保持在适当水平，从而在保障社员利益的同时也能促进合作社的长远发展。由于合作社所需资金的数量不等，因此对于合作社应该保留多少储备金并没有硬性的规定，如有些国家法律只对法定必须提取的储备金的起码份额做出规定，而储备金达到一定数量后（如相当于一定比例的股金总额、年交易额）就不能继续提取（缪恩克勒，1991）。合作社每年根据自身和社员的需要来确定提取储备金的数额，如欧盟的合作社法规定合作社要在其盈余用于分配之前设立法定的公积金，法定的公积金要求达到30000欧元，且每年的总盈余扣除结算亏损后用于法定公积金的提取比例不能低于15%，而德国、印度等国则给予合作社充分的自主权，合作社结合自身情况来决定公共积累的数额以及筹措渠道（王洪春，2006）。根据法律规定，合作社“可以按照章程规定或者成员大会决议从当年盈余中提取公积金，即合作社可以根据自身对资金的需要以及盈利状况，由章程或者成员大会自主决定是否提取公积金，同时确定从当年盈余中提取的比例”（《中华人民共和国农民专业合作社法》第三十五条）。基于此，绿菜园合作社是按照其规章制度来决定提取公积金的比例，符合《合作社法》的相关规定，但是在实践层面是否取得了理想的效果，下面结合具体案例来对种菜社员的满意度情况进行描述。

案例5：来自马营村的韦某，2012年正式入社并成为社员，对于“你对利润的‘三七成’是否满意”的问题，韦某的回答是：“不太满意，因为种有机菜的成本高，我们最终的收入除了要分摊一部分成本费用，像水电费、流转费、防疫费这些费用都要扣除的，而且现在合作社又抽掉了10%的公积金，我都不清楚这公积金是怎么回事，也不知道公积金具体是做什么用的，扣除了公积金实际上我们就没有多少钱，说是‘三七开’，实际上就是‘四六开’……”

从以上的分析可知，基于农民自身的资源禀赋，多数农民虽然能对自身和合作社之间产生的费用进行详细的记录，但是正确计算其实际所得利润还是存在一定的困难，这给农民民主参与合作社利润分配政策的制定造成了一定的障碍。同时，农民是创造全部价值的重要角色，而合作社只是分享财富者，所以利润本应向农民倾斜。此外，合作社在日常的财务管理中，应保持财务的公开透明，建立透明的财务制度，适当地向农民提供一定的利润倾斜，并且向种菜社员说明公积金提取的具体原则、公积金使用的资金流向，以保障农民的基本收益分配权，更好地提高种菜社员的生产效率。

（4）发展社员和分红决策中的农民权益。根据《合作社法》，具有民事行为能力的公民，以及从事与农民专业合作社业务直接有关的生产经营活动的企业、事业单位或者社会团体，能够利用农民专业合作社提供的服务，承认并遵守农民专业合作社章程，履行章程规定的入社手续的，可以成为农民专业合作社的成员。农民专业合作社的成员中，农民至少应当占成员总数的80%。就绿菜园合作社而言，合作社的社员可以分为核心成员和普通成员，其中核心成员是指负责合作社具体管理工作的成员，而普通成员包括从事一线生产的社员和流转土地的社员。目前，合作社的社员有近300名，合作社实行开放的社员结构，只要加入合作社的农民缴纳一定的入股资金即可成为社员。具体而言，合作社入股资金的下限为100元，上限为5000元。社员缴纳的股金是满足合作社的生产经营所必需的基础，社员对这部分资本具有一定的个人所有权，社员在入社时缴纳股金，在退社时也可以撤出股金。对于合作社社员缴纳的股金，合作社还需支付一定的股金红利，作为合作社对所用资源支付的所有权成本，如合作社年终分红按出资额的30%分红，这体现出每位社员对股金享有收益权。

虽然绿菜园合作社规定了个人成员在股份方面的所有权，合作社根据股权结构允许符合条件的成员参与决策制度，“一人一票”原则显然被“有限的一人一票”原则所取代，且这种权利会对成员收集或互通信息以参与合作社的管理产生消极影响。成员退出合作社时，要提前三个月向理事长或者理事会提出，退社成员的成员资格自财务年度终了时终止。同时，成员退出合作社时，能够带走缴纳的出资额。就成员申请退社的程序和退社可撤回股金的规定而言，显然符合《合作社法》的相关规定，在一定程度上也证明了产权并不是严格意义上的集体所有，产权也不是完全的个人所有。虽然成员离社时，股份可以兑取，合作社的产权不能在合作社外部交易，但是当产权转移至合作社内部时，董事会（而非参与成员）有权决定交易是否能执行。可以说，合作社在股金方面的产权呈现个人和集体间的混合形成的特点。

在实际调研中发现，合作社的农民对成为社员的条件、社员的义务和权利、社员的入股资金占总股份的比例、入股股金的上限以及按股分红的比例等都不清楚，农民没有参与合作社分红的决策过程。以下结合案例来具体说明农民对社员的认识以及分红决策的参与情况。

案例6：来自马营村的只某于2010年正式入社种植有机蔬菜，问及“你是不是合作社的社员”的问题时，只某的回答是：“我也不知道自己是不是社员”。问及“你们有没有入股”的问题时，只某说：“我也记不清了，好像交了几百块钱”。问及“入股资金占整个股本的比例是多少”时，只某说：“我不知道比例是多少”。而对于入股的上限交多少钱，只某也是说不知道。对于“合作社是如何发展新社员”的问题，“股息分红的比例是多少”等问题，只某也是一无所知。

从社员发展和分红决策来看，合作社制度发展并不规范。合作社始终没有明确社员一词的概念，定义比较模糊，在章程中也并未予以具体的规定和说明。虽然合作社坚持入社自由和退社自由，但是如何发展成员，社员身份如何获得，尤其是入股资金的公示程度不够，社员无法认识到股金的重要性以及其在股金方面拥有的所有权，此外，对于入股分红也不能做到透明公开，尤其是合作社从总盈余中提取多少比例分红以及分红决策的依据等，普通成员在这方面的信息获取中完全处于弱势地位。

（5）种植结构安排决策的农民权益。图 7－3 为合作社的种植结构安排的具体决策图，图中形象地展示了合作社在具体制定生产计划、下传生产计划、落实生产计划以及调整生产计划的全过程。

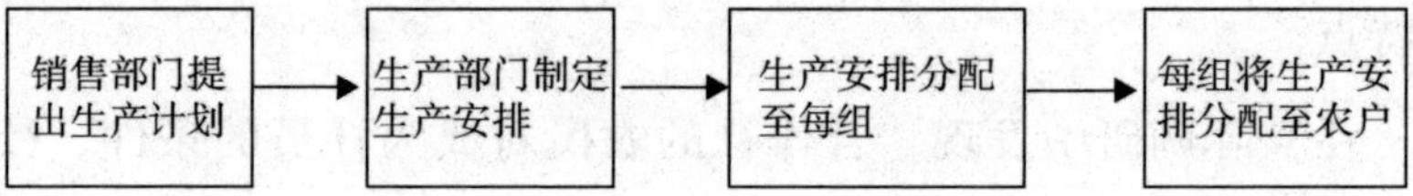

图 7－3　种植结构安排决策

具体而言，销售部门在年初根据上年的销售情况和对未来市场的预测提出一个生产计划，合作社生产部门会将生产计划制定成一个详细的生产安排，将它具体分配到每个组（生产计划传达给组长），每个组再具体分配到每个农户，组长再具体落实生产计划。合作社为了保证生产全面性，不能只生产效益好的蔬菜，也会生产一些效益相对差的蔬菜，这样的一个生产计划意味着有的农户种植生产效益好的蔬菜，而有些农户种植生产效益相对差的蔬菜，而这种生产效益的好与坏也会随着市场产生一定的变化。总之，如果农户种植效益较高的蔬菜，且效益较高的蔬菜在当年的价格较为坚挺，那么农户会获得相对较好的收入。如果农户生产较为常规的蔬菜，且效益在当年的价格呈持续下滑的态势，意味着这类农户所获收益较少。那么这样的结果就是在一年中可能农户同样种植暖棚，但由于种菜品种不同而导致了不同的收入差异，如种植南瓜的农户由于南瓜当年的市场价格较高，能够赚到7万—8万元，但种植效益较差蔬菜的农户却只能赚到2万元，这样农户之间产生了较大的收入差异，导致农户的心理存在一定的不平衡感，而这种不平衡感会在一定程度上影响农户的生产积极性。合作社为了解决这个问题，会考虑年际之间的平衡，如某个农户今年种植了效益较好的蔬菜，收入比较高，其他农户心理有些不平衡，合作社会在第二年给这个农户安排种植效益一般的蔬菜，以满足过去一年中效益不好的农户，从而在这样的过程中实现相对的代际平衡。当然合作社蔬菜种植结构安排有一定的随意性，在这个过程中，如果农户和组长或理事长的关系较好，那么他在不同年份里连续种植效益较好蔬菜的概率会高于资源关系较弱的农户。

从合作社的实际利益分配过程来看，合作社的管理并没有体现出真正意义上的合作，由于合作社普通成员的文化素质偏低，尤其表现为缺乏合作社的管理知识以及对合作社的认识有限等，为了更好地提高合作社的决策效率，核心成员需要在产品价格制定、技术培训、金融政策等方面起主导作用，因此普通成员一般不会参与政策实际制定的过程。

但随着合作社不断扩大其经营规模，合作社提升了整体社员的人力资本，普通成员增强了其参与合作社管理的意愿和诉求，合作社的组织结构和管理也逐渐向现代和民主转型。因此，从合作社的现有决策权的控制程度来看，合作社管理虽然还未实现真正的合作，但是合作已然是其努力发展的方向。

那么，在这样的现实情况下，合作社如何提高效率又能兼顾公平，即：能提升效率又能够保证这些普通社员的权益？就会面临一个两难的抉择，需要合作社在发展中不断摸索，通过不断健全社员管理制度，合理提高成员参与决策的程度，以使两者达到更好的平衡。

7.3.3 后期的名义民主管理制度与社员权益

（1）后期的名义民主管理制度。在合作社发展后期，合作社的民主管理制度进行过内容的微调，但是本质内容没有改变。内容包括：第一，明确规定社员的权利：社员有参加成员大会的权利，并享有表达意愿的权利（包括表决权、选举权和被选举权）；合作社提供的服务、生产经营设施，社员也有权享有；社员有权查阅本社章程、成员名册、成员大会记录、理事会会议决议、监事会会议决议、财务会计报告和会计账簿；对于合作社的工作，社员有权提出批评、建议；社员有权提议召开临时的成员大会；享有提出退社的自由声明，并按规定退出合作社；保持社员内部各自独立自主的生产经营权。第二，合作社实行“一人一票”，出资总额占合作社总额的60%以上的社员，最多享有60票的附加表决权。第三，合作社按照相关规定，建立了较完善的财务、会计制度，并于次季度月初5日内公开财务。第四，会计年度终了时，理事长组织编制合作社的年度报告和方案，并由监事审核后，让成员查阅并提出质询。

（2）后期的名义民主管理制度对社员权益的影响。如果按照合作社在后期成员变更大会上所制定的章程内容，合作社普通成员应该与核心成员拥有平等的地位，普通成员应享有充分的选举权、监督权、知情权和参与权。虽然合作社发展后期的经营规模不断扩大，市场竞争力得到显著提高，合作社的整体经济效益也有明显的改善，普通成员的收入也得到明显的增长，但是这些都不能让名义的民主管理制度保障普通社员的民主管理权利。因为合作社在章程中规定的民主管理制度仅停留在书面的形式，即使合作社处于发展后期，可以考虑兼顾公平，但在实践中合作社的普通成员仍然难以充分实现其政治权利。

7.3.4　后期的实际民主管理制度与社员权益

（1）基于集权向分权转型中的实际民主管理制度。在合作社的发展后期，其管理制度是由家长集权制向分权制转型，相比于中期略有改善的集权制而言，其管理制度的职能制也会向职能部制转变。在合作社发展中期，已经有一些人、财、物的明确划分，并且职能部门的功能得到拓展，各部门的分工也得到细化，在合作社发展后期，随着合作社规模的不断扩大，管理人员的管理幅度也会增大，为了更好地实现合作社的目标，各职能部门的负责人必须要承担更多的职责，并提高自身的能力和素质。面临日益复杂和不稳定的外部环境，合作社为了具备更高的灵活性和反应能力，需要进一步下放决策权，尤其是要依赖各具体职能部门的管理者参与和制度决策的灵活性，同时要给普通成员授权，即给予普通成员更多的制定决策的权力，这也是合作社应关注的焦点。

按照合作社所规定的民主管理制度，合作社成员有表决权、选举权和被选举权。但是从合作社的成立初期到发展后期，普通成员都没有参与过成员大会，更没有真正行使过这些权利，成员代表不是从成员大会中产生，而是由 14 名核心成员组成。凡是涉及合作社的重大经营事项，都是由 14 名核心成员来协商做决策，普通成员并没有参与其中。按照章程规定，合作社社员有权查阅名册、大会记录和相关决议，尤其是可以查阅财务会计报告和会计账簿，但实际上很多社员并不了解这些事情，不清楚自己的权利内容，合作社也没有做到定期公开财务，来真正接受普通成员的监督，也就谈不上让社员对合作社工作提出批评和建议。

（2）后期的实际民主管理制度对社员权利的影响。合作社的特点是为社员提供服务，由社员民主控制，其管理机构由社员民主选举产生，并且合作社的主要方针、重大政策也由社员决定，合作社实行“一人一票制”。由此可知，在合作社的股金安排制度下，每位社员都享有一定的剩余索取权，这为社员参与盈余分配奠定了产权基础。但是社员享有的剩余索取权仅为其参与分配的必要条件，监督权、投票权是社员实现索取权的依靠。作为具有互补性的一组权利，合作社要实现效率最大化需要统一剩余控制权和剩余索取权，否则会导致激励扭曲。社员要实现其剩余索取权，还要掌握剩余控制权，进而使社员以所有者的身份来保障其利益以及实现相容的激励约束。进一步来说，为使合作社的利益能够按照其要求的基本原则进行分配，必须要实现合作社社员对合作社实现民主的治理、控制。由此可知，社员参与分配、保证其权利实行的必要条件是民主控制的治理原则，不但具体体现了合作社的产权制度，也是产权制度的必然要求，实现社员民主治理的决定因素是合作社特殊的产权制度。在现行的股金制度下，每位社员都是合作社的所有者，不但合作社的经营风险要社员承担，剩余索取权也由社员享有，而且社员持有的股份较均衡，使其处于平等的地位，因此合作社要采取“一人一票”的民主控制制度。总之。社员掌握合作社财产的管理权，每位社员都拥有相同的管理权。

但是在实际的调研中发现，社长等理事会的选举过程主要是通过成员代表决议，普通成员并没有参与。虽然合作社的规章制度中明确说明合作社坚持民主管理，但是在合作社发展后期的具体实践依然产生了“名”“实”的偏离。合作社的成员并没有充分实现其对合作社的民主治理和控制，其中一个方面表现为成员缺乏有效的上升途径，以下结合具体案例来予以说明。

案例1：来自西红寺村的岳某，2013年成为绿菜园合作社的社员。对于“你是否参与过合作社的决策”的问题，岳某的回答是“没有参与过”。对于“你们一年召开几次成员大会”的问题，岳某的回答是：“没有召开过”。当问及“你是否相信合作社的决策会保护大多数成员的利益”问题时，岳某的回答是：“要看合作社对下面了解的多少，利益保护的效果一般”。问及“你认为监事会是否可以对经营管理层进行有效监督和约束”的问题时，岳某的回答是“不清楚”。

案例2：来自屯金营村的杨某，自2010年成为合作社社员。问及“你是否满意合作社目前有关投票权的规定”，杨某的回答是“没听说过”。问及“当你对合作社在决策和控制生产经营方面等有异议时，是否有充分的话语权通过成员大会提出异议”，杨某的回答是：“没有通过成员大会，一般和我关系密切的就是生产上的问题，就是通过组长去上传我的意见……”

由此可知，合作社的普通成员对自己的决策权没有清晰的认识，也没有参与过合作社的决策，更没有参加过成员大会，尤其是当普通社员对合作社的决策有异议时，没有充分的话语权通过成员大会提出异议。此外，普通成员不能充分行使自己的选举权和被选举权，目前合作社的成员普遍对成员应有的投票权（一人一票或按比例投票）表示不清楚。社长等管理层核心成员的产生并没有普通成员的直接参与，且普通成员难有晋升为核心成员的机会，这些都说明合作社的成员决策权向核心成员倾斜，不利于普通社员实现平等的管理权，更不利于普通成员的职位上升。

（3）后期的实际经济制度对社员参与权的影响。合作社的普通成员在发展后期也有了一定的权利意识，他们有参与合作社决策的愿望，希望通过参与与生产经营相关的决策来更好地提升其经济收入。此外，农民对合作社生产服务、分配管理事务的参与也会对农民的心理健康产生积极的影响。虽然合作社在后期是向分权式的管理模式发展，但是在发展后期的前期阶段还是主要依靠“能人”，因此核心成员参与决策、制定决策的这种管理制度依然难以改变。

实际上，普通成员即使对现行决策内容不满，经过上行沟通后，也不会获得有效的答复，相应的权利也难以得到保障。以下结合具体案例来予以说明。

案例3：韩某，41岁，女，小丰营村人，2012年和2013年她的10号棚连续种植了两年茄子，但是由于这两年的茄子价格不高，使其收入没有实现大幅的增长。而合作社的其他社员有的种植了南瓜，因为市场行情好，获得了很高的收入。于是，韩某先向组长请示，希望来年改种南瓜，组长又向上级汇报情况，但最终她的申诉没有获得成功，合作社也没有接受其建议。

此外，普通社员在生产经营中遇到了困难，比如病虫害等，或者是合作社的销售不理想，使种植的蔬菜错过了最佳的销售时机，普通社员在非常情急的情况下，想召集临时成员大会来商讨对策，从而减少损失，但是实际上都是由核心成员来决定，普通成员没有参与权利。正如以下案例所示。

案例 4：王某，女，44 岁，大丰营村人，2012 年两个大棚种植的圣女果遭遇了严重的病虫害，损失比较严重。其他社员听到消息后，纷纷要求合作社召开成员大会，和大家说明情况，并且在今后的种植中就如何加强病虫害防御给从事一线的社员以更多的技术支持和经验指导，同时在减少损失上提出一些可行的办法。虽然社员们的出发点很好，但是合作社最终考虑拒绝召开临时成员大会，声称可以减少和避免此类事件发生，希望普通社员能够安心生产，结果就是不了了之。

（4）后期的实际民主管理制度对社员知情权、监督权的影响。要在不挫伤核心成员（稀缺性要素所有者）的基本前提下，确保普通成员的权益不被核心成员所侵占，一个重要方面就是要不断提升普通成员的知情权和监督权，从而实现对核心成员的权力产生一定的约束和限制。虽然从制度层面来说，合作社需要认真贯彻执行国家的法律法规和相关政策（如：《农民专业合作社法》和《农民专业合作社财务会计制度》）。但是在实践层面中，发现合作社在财务公开、国家补贴来源及其使用透明度，合作社运行成本数据公开等方面做得不够规范。下面结合具体案例来说明社员的知情权情况。

案例 5：来自小丰营村的孙某，2013 年成为合作社社员。同及“是否明确社员有哪些基本权利”时，孙某的回答是“不清楚”。问及“是否了解合作社的财务信息”时，孙某的回答是“我当然希望社里能够公开财务信息，让信息更透明些，这对我们也是保护……”

从目前普通社员的知情权的实践情况来看，虽然应政府的政策要求，合作社制定了较为规范的财务制度，并且建立了自己的财务部门，专门负责财务方面的信息管理，具体可以做到按照财务会计工作准则，及时编制财务计划，准确开展财务核算，并保存完整的财务资料。但是合作社还没有做到全面反映财务状况，并没有在实践中坚决执行民主管理原则，尤其体现为不能在固定的时间段（如每月、每季度）公开财务信息，这在一定程度上损害了普通社员的知情权。虽然现行的财务制度安排，名义上是创造核心成员和普通成员的和谐局面，但是在实践中却不能有效实现所有社员的帕累托改进。

就合作社普通成员监督权的实践层面而言，目前成员普遍没有意识到监督权的重要性，更不清楚监督权的具体实践范围。普通成员作为农民这一弱势群体中的一分子，对他们而言，只要参加合作社能得到技术服务、农资服务，并解决好农产品“难卖”的问题，使自己的农产品能卖个好价钱，就已经非常满足了，至于自己是否能够获得足够的监督权，以及获得监督权对自己利益的保护等问题，普通成员并不十分关心。下面结合案例来具体说明。

案例6：来自大丰营村的王某，自从2011年成为合作社社员以来，一直对现有的工作机会抱有珍惜的态度，当问及“是否有对合作社的管理工作有监督的权利”时，孙某的回答是“我都这把年纪了，有份工作不容易，合作社让我做我就做，不让我做我就得走人，哪还有什么监督权呀……”

就实现普通成员监督权的制度层面而言，为了更好地实现普通成员的监督权，需要更加完善的合作社监事会制度。在合作社的内部，从社员大会、理事会、监事会到理事长、监事长的完整治理链条中，每个权力主体都肩负不同职权，且形成了各自权力的边界。在这个链条中，社员大会作为行使全部社员表决权的最高权力机构，监事会以监督董事会为行动目标，尤其是监事会作为专门实行监督机制的机构，它是防止核心成员利益侵占出现的最后保障。因此，虽然合作社内部设立了监事会机构，但其监督的效力并未得到充分的发挥。合作社的监事会没有起到真正的监督作用，且无力和稀缺要素所有者（核心成员）控制下的理事会抗衡。此外，外部的监督（主要来自政府）对实现普通成员的监督权也非常重要。

7.4　小结

本章对合作社的管理制度与社员权益进行了分析，并从名义组织结构和实际组织结构来描述和分析合作社的组织结构对社员权益的影响。对于实际的管理制度，依据合作社从发起、成立至今的整个发展历程，将其划分为早期的管理制度、中期的管理制度和后期的管理制度。通过分析，得出以下结论。

从合作社的经营管理制度（生产服务管理制度和分配管理制度）对社员权益的影响来看，合作社在早期实行基于高度集权的经营管理制度，并没有规范的生产服务管理制度和分配管理制度，由于合作社的整体经营水平较低，经济效益不高，所以优先保护核心成员的权益，而难以兼顾普通成员的权益保护。合作社在发展中期，合作社的经营管理制度较初期有了一些调整，但是由于实际效果甚微，普通成员的经济利益和民主管理权利依然难以获得有效改善。在合作社的发展后期，合作社的经营管理制度从集权制向分权制转变，但是核心成员依然在决策中占主导地位，并没有实现充分的授权，虽然普通成员的经济利益状况有明显改善，但是其民主管理权利还是不能获得优先的保护。

从合作社的民主管理制度对社员权益的影响来看，合作社从发展早期到发展后期，都没有真正履行其民主管理制度。虽然合作社在成立之初就制定了合作社要坚持民主管理的规定，但是在实际发展中，由于受一些条件的限制和影响，合作社并没有实现民主管理。无论是合作社的发展前期、中期和后期，核心成员在合作社中都占据绝对优势，具有绝对的控制权，而普通成员则处于弱势地位，合作社所奉行的成员民主控制成了少数核心成员（能人）控制，而由此带来的少数人的控制问题，使合作社一直坚持效率优先，而难以兼顾公平。

综上所述，合作社的经营管理制度在合作社的发展过程中一直存在不同程度的变化，民主管理制度从合作社的发展初期到发展后期一直存有“名”与“实”的偏离。同时，合作社的民主管理制度一直滞后于经营管理制度的发展，虽然合作社在早期就建立了民主管理制度，但是变化最快的还是经营管理制度。此外，随着经营管理制度的不断调整，合作社普通成员的经济利益也在得到逐步改善，而民主管理制度上的从始至终的“名”与“实”的偏离和缓慢变动，使普通成员的民主管理权利一直不能获得真正意义上的保护。

第八章 “名”与“实”发生偏离的原因分析

从第五章和第六章的分析可知，无论是组织结构还是管理制度均存在“名”与“实”的偏离，因此本章重点分析组织结构和管理制度的“名”与“实”发生偏离的原因。

8.1 合作社发展规模和发展阶段所决定的必然特点

根据集权和分权理论，集权是决策发生在组织高层的程度。如果高层管理者在做出关键决策时几乎不从组织低层获得输入，该组织就是更加集权化的。如果低层组织成员提供的输入或作出的实际决策越多，该组织的分权程度就越高。需要注意的是，集权一分权并不是一个非此即彼的概念。这个划分是相对的，不是绝对的，也就是说，在现代社会中的组织，可能是集权的成分多一点，也可能是分权的成分多一点，这与企业的发展规模和所处的发展阶段息息相关。当组织的规模较小时，为了更好地对市场做出反应，需要形成合力，组织会采取更加集权化的管理模式，此时低层管理者在决策方面的能力或经验不如高层管理者，低层管理者也不想要决策发言权，组织战略的有效实施取决于对所发生事情具有发言权的管理者。当组织规模逐渐变大时，分工进一步明确和细化，组织的管理模式向分权式发展，这时低层管理者在决策方面同样具有能力和经验，低层管理者也想拥有决策发言权，决策对组织的影响更加重大，企业文化也向开放式发展，允许各级管理者对所发生的事情拥有发言权，并且组织战略的有效实施取决于参与决策的管理者以及制定决策的灵活性。随着组织规模由小变大，其管理模式也由集权向分权转变，这符合组织的发展过程，这种规律不可阻挡。

发展规模较小的组织需要高度集权，可以体现一定的优越性。这些优点包括：各职能间的决策更容易得到协调；更好地规范上下级之间的沟通形式；企业的目标容易达成一致；可以快速决策危急情况；规模经济更易实现。当组织规模较小时，组织拥有相对集中的知识分布，较少的管理层级，能够用更低的成本将知识传递给决策者，可以形成集权；组织自身的生产、服务能力有限，组织处于稳定的环境中，目标市场相对集中，高层的管理者采取集权有利于运行效率的提高。

第一，在合作社的实际运行中，合作社在发展定位上需要作出明确的选择。这种重要的决策，在合作社发展规模较小时，需要高层的管理者（社长）来直接掌管。这类举措责任重大，不宜授权，需要社长来直接负责。合作社在发展的过程中，面临过几次发展定位的重要选择。第一次是绿菜园合作社刚成立时，社长将有机蔬菜作为合作社的长期发展目标，从此大力推进有机种植。第二次是在制度发展方面，由于前期的生产管理制度不能有效发挥合作社的管理作用，并且在分配制度上也不能扭转合作社一直亏损的局面，社长开创性地提出了“六统一”的生产管理制度和“三七开”的分配管理制度，其中对生产的整个环节采用“六统一”的管理模式是要彻底改变种植户过于单打独斗的局面，旨在通过过程的管理确保产品的品质；而“三七开”的分配制度则是建立了一个全新的、透明的、权责分明的分配管理机制，极大地调动了农民作业的积极性。第三次是在北菜园合作社（联合社）正式成立时，社长在广泛征求意见的基础上选择将有机作为联合社的发展方向。正如社长所言：“经过事态的发展，后来考虑联合社的发展，考虑产品定位，定位在有机农产品上，我们想服务于更高的人群，因为农业竞争力很大，更高档的产品有更广阔的空间。做无公害、普通的产品利润空间很小，而且竞争力很大，品牌很多，门槛很低。因此基于现实的定位，把北菜园联合社定位为这样。”第四次是在经营方式方面，2016 年，联合社通过包销的方式进行经营，一年下来，实际的效果不理想。2017 年，联合社经营方式调整为由联合社下订单，由合作社来生产的这样一种以销定产的经营方式。这种经营方式可以有效降低生产的突击性，使连续性变好，有利于合作社控制生产成本，并且让联合社承担更大的风险。

第二，在合作社发展规模较小时，采用一致性的政策，也有利于比较各个部门的绩效，以保证步调一致，此时集权是达到政策一致性的最方便的途径。比如：在合作社的绩效考核中，在分配利益方面，成员的工资中有一部分来自绩效工资。而绩效工资的高低与社员的绩效考核息息相关，对于一线的生产社员而言，其生产的产品等级统一划分为一级、二级，一级产品的数量与社员最终的工资高低有直接关系，同时一线生产社员生产的一级产品越多，合作社的整体经济效益也会提高，使从事其他管理工作的社员可以获得更高的绩效工资。在这种绩效管理中，激励效应是最具有主动性、能动性的因素，人的主动性积极性提高了，合作社和社员会尽力争取内部资源的支持，同时社员技能水平将会逐渐得到提高。在一致性政策的贯彻执行下，生产部门、销售部门和财会部门等的步调实现了一致性。

第三，合作社的发展规模较小时，相对做出决策的数目较少，不需要很多做出决策的场合，协调起来也相对容易，所以最高管理者也会倾向于选择集权。如：在坚持有机种植标准方面，社长做出了几个关键的决策。在病虫害防治方面，合作社在有机种植发展初期，病虫害发生频率较高，社长亲自监督一些生产社员拔掉遭受虫害的病株，坚持不打农药，即使遭受损失也要坚持有机的种植标准，也为合作社带来了空前的发展机遇。在生产标准方面，社长要求合作社在所有的生产大棚内安装电子控温、控湿设备，在经过控制的温度和湿度条件下，蔬菜可以茁壮成长，农药的施用从而得到减少，促进有机式的生产。同时，每个温室大棚里都按要求安装了电子监控系统，自动记录播种、施肥、打药的具体时间和施肥、用药的具体类型。通过对农业生产环节方面的记录，监管者可以查询，也实现了消费者的在线观看，从而更好地了解产品质量。在消费信任方面，社长通过详细的市场调研，决定在合作社建设“二维码”识别系统，消费者通过扫描二维码，可以全程追溯有机蔬菜的生产过程。

第四，从合作社自身的发展方式来看，合作社是在缔造者的监护下成长起来，其管理模式会表现出一种强烈的集权特征。从合作社的创立到发展，合作社一直坚持“能力是权力的基础”的理念，使精英的统治地位得到有效保证。在信息量处理较少和信息成本较低时，这种集权的模式是表现最优的。如：在合作社发展初期，社长就已经树立了一定的权威，这种权威来自其多年的工业企业经营的经验、其超前的眼光、员工对其的较强的信任、企业家所具备的良好素质等。在合作社的发展过程中，无论是对有机的坚持、生产经营方式的阶段调整，还是制度层面的不断创新，都倾注了社长的心血，都是其力排众议所取得的结果，因此体现了合作社管理模式上的集权特点。

第五，在合作社发展规模较小时，也缺乏合格的主管人才，这在一定程度上也会促使合作社采用集权式的管理模式。如：在合作社发展前期，由于很多人持观望态度，不愿意加入合作社中，使合作社缺乏部门的管理人才，在实际部门的管理人员中，除了销售部是有一定企业经营经验的人来负责，其余部门的管理人员都没有足够的市场经验，所以合作社的主要决策都要由社长来负责。在合作社的发展过程中，虽然合作社不断提高其经营效益，合作社依托于销售公司统一销售产品，并且聘请了专业的销售管理人才，但是因为经营效果不理想，而不得以定期换人，所以销售公司的最终决策还是要由社长来负责。

由此可知，合作社发生“名”与“实”分离是由合作社目前的发展规模和发展阶段所决定。如果在合作社发展的过程中，过分强调民主，那么就会极大地影响决策的效率，最终影响合作社整体效率的提高。在效率和公平的选择上，以合作社目前的发展规模和发展阶段来看，合作社应该坚持效率优先。

8.2 “能人”与企业家精神的稀缺性

合作社在发起时具有明显的地域性，由于不同于企业可以实现要素间的自由流动，因此在人才招聘上困难重重，合作社很难用高薪聘请到合适的管理人才。同时，农村社会的关系网络融入了合作社的建立和发展，在以“能人”主导合作社的发展过程中，由于缺乏与正式治理相契合的社会环境，关系治理自然融入了合作社的管理之中，“能人”社长依赖乡土社会中的关系交往法则，利用熟人社会的信任惯习，强调互惠，注重通过关系性规则（沟通和协调）来进行组织治理，而具有这种本地威望、头脑灵活且具有丰富的市场经验的“能人”就是一种稀缺资源，合作社的发展需要这种能人，而现实中这种“能人”具有很强的不可替代性。

这类“能人”的核心特点是具有企业家精神，这种精神是他们所具有的独特的个人素质、思维模式以及价值取向的抽象表达，是对非理性逻辑结构和企业家理性的一种超越和升华。这种区别于其他群体的独特的企业家精神的特征，具体包括：一是创新精神：创新是企业家的灵魂，也是企业家有别于其他普通管理者的重要特征。可以表现为善于发现机会，善于运用资源，善于找到解决问题的办法。这种创新的精神体现在：一种新产品的引入；一种新质量产品的提供；一种新管理模式的实现；一种新生产方式的采用和一个新市场的开辟。二是冒险精神：冒险精神对于优秀的企业家非常重要。这种冒险精神体现在：企业战略的制定实施，企业生产能力的扩张、缩小，新技术、新市场的开辟，产品价格的提高或下降等。三是创业精神。四是宽容精神：善于使用人才，敢于起用人才。企业家精神还体现在对市场的前瞻性认识上，如果不能找到合适的发展项目，不能在激烈的市场竞争中占到先机，那么企业从一开始就不可能经营好，经营不好的直接后果就是企业走向灭亡。

在充分认识到企业家精神的本质后，也要进一步理解其作用和保护其的重要性。企业家精神是企业核心竞争力的重要来源。对于企业的核心竞争力，管理学大师彼得·F. 德鲁克指出：“所谓公司的核心竞争力，就是指能干别人根本不能做的事，能在逆境中求得生存和发展，能将市场、客户的价值与制造商、供应商融为一体的特殊能力。”在一些成功的企业家中，可以集中体现企业家精神对企业核心竞争力的积极作用。如：美国微软公司在软件技术和开发能力上创造了令世人瞩目的辉煌业绩，这主要归功于企业的最高领导者的卓越才能，而企业的总裁盖茨也成为时代英雄（被美国青年所崇拜和仰慕）。与此同时，企业的核心价值观主要受到企业家在企业中的特殊地位的影响，使企业家只能依靠自己来承担企业的管理创新、价值创新和组织创新等具有冒险性质的活动。

虽然具有企业家精神的人难觅，且现实中也缺乏催生这种精神成长的环境，但是在时代的大浪中，还是有一些人勇于挣脱环境的束缚，大展自己的创业抱负。赵某就是具有企业家精神的合作社能人，他在从事合作社的经营管理前，有多年的企业经营经验，并在当地有很高的威望。从工业企业到合作社，虽然工作内容有类似性，但是还具有一些本质的差别。赵某也是怀着自己的初心（早年在马克思的《资本论》上的阅读感悟，希望有一天农民也能像企业工人一样，有自己的社会地位和理想的劳动报酬）开始了合作社的艰难经营之路，在这期间赵某所担负的压力、所遇到的挑战是一般人难以想象的，经过赵某的苦心经营，合作社逐渐发展壮大，取得了良好的经营效果。合作社取得一定成绩后，赵某也获得了一系列荣誉，包括北京市人大代表、“三农”新闻人物、北京市延庆区政协委员、北京市十佳农民、全国劳动模范等，这样的“能人”对合作社的发展而言具有关键的作用。

赵某对有机农业的坚持，使合作社在有机市场中占得先机。他深刻地认识到露地菜价格较低，行情波动也大，并不赚钱，如果要想让合作社发展得更好，必须种植具有高附加值的蔬菜。在经过多方调研之后，他发现城市里的超市卖的有机蔬菜价格很高，平均价格是普通蔬菜的 5 倍，凭借其市场经验及多年在商场上的摸爬滚打，商人的直觉和嗅觉告诉他合作社应该将有机蔬菜种植和发展作为长远的发展目标。在此情况下，赵某果断决定合作社应当发展有机蔬菜种植。在 2007 年，有机蔬菜还是个新事物，市场认知度并不高，价格也比一般蔬菜昂贵，很难让人看到前景，但赵某始终认为，只要把握住质量就有机会占据市场主导，至于销路则可以慢慢打开。在合作社成立之初，由于客观条件的限制，合作社既种植常规蔬菜，也种植少量的有机蔬菜。虽然合作社的成立为解决分散的农户和大市场在销售的矛盾上起到了很大的作用，但是由于常规蔬菜的价值较低，并没有给农民的收入带来显著的增长。因为在种植有机蔬菜的前几年，对于农民的要求和配合非常高，有机蔬菜种植的前两三年有一个蔬菜种植的转换期，在这个过程中，农民不能使用农药和化肥，产量极低，病虫害风险极高，基本意味着农民是一定会亏损的。同时，有机蔬菜市场信任度的建立和它的规模有很大关系，当它的规模很小、经营历史不长时，合作社的品牌知名度、市场认可度不高，因此想获得很高的价格是很困难的。可以说，前途是光明的，道路是曲折的。但是这时对于未来方向的把握在于能不能坚持以及在坚持的过程中所做的程度，农民心里也打起了鼓，参与合作社生产的农民认为有机蔬菜种植比较复杂，他们普遍认为不施化肥，菜的生长周期会增长，且不打农药，病虫害难以控制，会影响蔬菜的外观。一方面农民担心生产问题；另一方面又害怕销售不出去。在这时，赵社长顶住了一切压力，和他的管理团队笃信有机蔬菜的种植一定会给合作社带来曙光，让合作社不再是简单的蔬菜种植，而是高附加值的优秀合作社。在这样的坚持之下，赵社长带领大家一起朝着这个方向努力奋斗。2009 年 6 月，绿菜园合作社的基地大棚里收获了第一批有机彩椒，合作社将有机蔬菜种植终于变为现实。

赵某通过技术创新和制度创新，实现了带动农民增收的目标。为了跟上互联网时代的步伐，赵某为合作社引进了二维码追溯体系，在制度创新方面，赵某开创性地在管理合作社中发明了“三七开”分配管理机制，旨在保障成员收入的基础上激发成员的工作积极性，增加成员收入。而赵某于 2011 年牵头建立了北菜园联合社，旨在使更多的农户受益。

在实地调研中，合作社成员对赵社长的评价也间接反映出“能人”在合作社发展中的重要性，如有些成员认为：“合作社没有了赵社长，不知还有谁能来管理。”这些客观的评价，也进一步印证了能人与企业家精神的稀缺性，而这也是造成合作社组织结构和管理制度产生名实偏离的首要原因。

8.3 没有专门的人事部门和不同层级管理人才的培养制度

从第五章的分析可知，北菜园的组织结构中没有专门的人事部门（Human Resource）。所有的人事工作，主要是由赵某及其办公室来负责，主要负责招聘、岗位职责的确定、绩效考核等常规的日常工作，这些人事工作有相对的随意性，缺少规划，尤其是长远规划。特别是在合作社的中高层领导的选拔和培养上，没有规划，比如合作社社长的候选人培养是完全缺失的，这样导致的一个结果就是，当合作社发生了巨大的风险，如：赵社长本人不当总社长，则要找到一个像他一样比较全面，熟悉外事，又了解内务，和有较强的执行力和有一定威望的人，会比较困难。同样在其他层级的人才上，也是缺少相应的接班人制度，比如销售公司的经理或者绿菜园的社长以及各个种植小组的组长，日常中没有具体的人力资源部门来负责这些不同层级人才的培养，使这些人一方面难以成为人才；另一方面就是合作社在需要人才的时候存在“无人可用”的问题。

8.4 成员异质性的影响

在合作社成立时，合作社成员（核心成员与普通成员）间就已经产生了初始异质性。而这种异质性的存在具有现实的合理性。

在成员异质性的影响下，由于农民自身能力十分有限，因此让更多的农民（普通社员）参与决策并不符合现实需求，即实行

“一人一票”并不能取得理想的效果。正如赵某所言：“合作社的生产环节由农民来负责，但是经营管理方面必须要有专业人士来做，农民自身并没有这个能力。”笔者在实际的调研中也发现，加入合作社从事一线生产的社员并没有足够的市场意识，而更关注于自己的生产，如有社员反映：“我自己在家种地的时候，算账的活从来都是由我老伴来算，来了合作社种菜就是专人给我们算，我们每个月都会有一个结算单，基本上合作社给我多少，我就要多少，也没有计算过有没有什么差错。所以，我就是把自己的生产搞好，至于社里的决策方针怎么制定，我也不懂那些，凭我一个农村妇女也说不出什么意见来……当然能参与是好，可以考虑多种些销量好的菜，但是大的方针我不敢过多参与。”有的社员指出：“来合作社种菜的都是奶奶级的人了，基本都是45岁以上的，普遍文化较低，也没有什么工作经历，来合作社种菜就是想多赚点钱，而且也能照顾家里。人家更多的是想把生产搞上去，当然决策的事情也是想过的，但更关心的是和自己的经济效益相关的事情，比如稳定生产成本、减少开支什么的，都是些个人目标，但是合作社的大的目标大家也不懂……”正是这种资源禀赋的差异，使普通成员难以广泛参与决策，而广泛决策也不利于合作社目前的发展。

8.5 农民人数众多，实际协调难度大

绿菜园社员户数一共有298户，其户数众多，假如要召开社员大会，所有的家庭派2—3人参会[①]，大约就有745人参与此项

① 在当地农村，一般有重大活动或者节庆，村里面的人都会举家出动，经常是拖家带小，一起参与当地的节庆或者活动。

大会，如此庞大的队伍，要找一个场地在当地都会是一个不小的挑战。另外，农民实际进行选举的时候，事实上对候选人或者管理层很少有过了解或者沟通，大家七嘴八舌，相互议论以传递信息。农民会拉帮结派，他们的拉帮结派主要是基于地缘或者血缘关系，或者是家族势力，或者是对自己好的候选人，这样的情况下，农民如果真正投票，他们不一定会选出真正地适合合作社发展的人，甚至一些别有用心的人会趁此操作，一些农村黑恶势力参与其中的话，会把已有的合作社给弄砸。所以尽管名义制度上要求合作社每年进行一次社员大会或者社员代表大会，实际上合作社几乎不召开社员大会，而只召开社员代表大会，社员代表主要是那些实际管理的核心人员，这两部分人员是高度重合的，尽管他们在理事长的带领下协调起来的成本比较低，但是由于这种制度排斥了普通社员的知情权和参与权，实际上又不利于体现普通成员的话语权等权利。

在这里值得注意的是，如果合作社遵循民主管理原则，那么在合作社的核心成员掌握更多资源和决策权的前提下，普通成员会从自身的利益来考虑选举倾向于自己群体或跟群体利益比较相近的人成为核心成员。在此种情况下，“一人一票”原则的坚持可能会使一部分成员对其他成员的利益造成侵占，如果成员拥有不同的生产规模，那么大多数拥有较小规模的成员可能会反对拥有较大生产规模的少数成员的决策，同时，民主决策的机制遵循“一人一票”也会增加意见实现统一的难度。

8.6　核心成员对变革的阻碍

在合作社的发展前期，合作社连续三年都处于亏损状态。

2011 年以后，合作社开始扭亏为盈，经济效益实现了逐年提高。由于核心成员在前期承担了较大的经营风险，并且在创立初期投入了大量的资金，在较大的付出和投入下，核心成员需要收回过去的投资。同时，在合作社既定的集权的管理模式下，核心成员不愿意放权。在合作社经营发展更好时，合作社的经济效益明显得到增加，赵某（关键的核心成员）有了进一步控制和集权的思想意识。如：在合作社的实际管理中，赵某不但担任绿菜园合作社的理事长职务，而且还掌握北菜园销售公司的最高管理权。尤其是 2011 年北菜园合作社（联合社）建立以后，赵某虽然不是名义上的法人，却是联合社的实际管理者。正如赵某所言：“我是绿菜园的法人，虽然联合社选举的是我，而实际上联合社的法人是宋，因为延庆区的绿富隆成立联合社，合作社可以参加若干个联合社，我也参加并成为理事会成员。为了避免关联，就委托宋为北菜园联合社法人，实际上联合社还是由我来管理。”

此外，赵某作为关键的核心成员，他不愿意让更多农民的参与意识增强，这会影响其在合作社中的地位，并且会使他的权威得不到体现。这种权威是在合作社成立之初，就被赵某所树立起来的，合作社的所有关键决策（包括发展定位、制度调整、人员招聘等）都是由赵某做决定，其他成员是以赵某为绝对核心开展具体的工作。对于赵某而言，选择一个人直接做决策，还是若干人一起做决策，显然由自己直接进行经营管理更为合适。因此，他自己会阻止民主管理制度的改变，只是名义上应付外界的检查，但是在合作社的实际运行中并不按名义规定来操作。在对赵某的实地访谈中，赵某有过这样一段评价：“社员代表大会不可能完全执行，国家应该给政策保护能人。国家不给政策，按照平等政策，第一伤害的就是能人，因为《合作社法》的规定就是伤害能人利益的东西。政治上没有权利，经济上平等（10000 元和 100 元是平等的），很难搞（即使是国企，有大量资金补助和行业垄断也很难搞）”。但是，笔者在实地调研中所获取的合作社的对外宣传手册上却明确写出了这样一段话：合作社在成立之初就严格按照三会制进行设置，实行一人一票表决，民主选举产生了理事会、监事会等机构，明确了社员代表大会、理事长、理事会、监事会的职责，为合作社健康规范发展提供了组织保障。而对其他社员的调研访谈中，也间接反映了核心成员对执行《合作社法》所规定的民主管理制度的阻挠，一些从事一线生产的社员认为：“现在合作社的经济效益好些了，我们的收入也是提高了，但是我们却不能为自己的生产做主，社里扣除的水电费越来越高，有机肥料价格也是越涨越高，成本费感觉每个月都在调整，但是我们的劳动付出却是一点也没少。我们就这些问题也向社里反映过，但是得到的答复就是大家都一样，并没有偏向任何一个人。不仅如此，种什么菜我们也没有发言权，有时连着种一种蔬菜，结果两年卖的价格都不高，我们着急去向社里反映，但是最后也是不了了之。如果一开始做规定的时候，我们能参与一下，可能实际的效果比现在要好……”因此，在合作社的实际运行中，并没有完全执行民主管理原则，具体工作的展开都是依靠核心成员做出的决策，核心成员为了保持在合作社中的核心地位，不愿意授权给普通社员。由此可见，核心成员对变革的阻碍，是合作社的组织结构与管理制度产生名实偏离的一个重要原因。

第九章 结论与政策建议

本书从宏观层面和微观层面对合作社的组织结构、管理制度与社员权益进行了研究。从宏观层面，通过对我国合作社组织结构、管理制度与社员权益的制度追溯来总结制度变化的规律，并在制度变化的背景下对我国合作社的发展情况予以描述分析。从微观层面，利用全国示范性合作社——北菜园合作社（联合社）这样一个典型案例，描述其发展的概况，并在“名”与“实”的视角下深入地研究了合作社不同发展时期的组织结构和管理制度对社员权益的影响，发现合作社的组织结构和管理制度均产生了“名”与“实”的偏离，在此基础上进一步分析了这种名实偏离的原因，得到如下结论和政策含义。

9.1 结论

通过本书研究发现：

第一，我国合作社的组织结构、管理制度和社员权益的相关制度经历了一个逐步完善的过程。在合作社发展的萌芽时期（1982—

1994年)，这一时期合作社的组织结构、管理制度和社员权益制度只是停留在初步建立的层面，并且不涉及合作社的三权建设以及保护社员民主管理权的制度细则。在合作社的初步发展时期(1995—2000年)，随着合作社的逐步发展，在组织结构方面，首先在合作社建立了“三会”制度。在管理制度方面，首先提出了财务方面的民主管理的具体规则，同时，明确提出合作社要坚持实行一人一票的民主管理。在合作社的过渡发展时期（2000—2006年)，在组织结构方面，对供销合作社提出了进一步改革的方案，推动合作社之间的联合。在管理制度方面，首先从法律层面对分配管理制度做了原则性的规定。在社员权益制度方面，继续加强对合作社社员权益的保护。在合作社的规范发展时期（2007年至今)，在组织结构方面，首次从法律层面对合作社的“三会制”做出明确规定。同时，鼓励和支持联合社的发展。在管理制度方面，对合作社的生产管理提出了更高的要求——发展农产品的加工业务，同时强化对合作社的分配管理制度的法律规定，并且细化分配制度的原则内容。在民主管理制度层面，首次从法律层面对民主管理做了明确规定，并且丰富了民主管理的原则内容。在社员权益制度方面，首次从法律层面对保护社员的经济利益和民主管理权利予以明确规定，并且在制度的原则内容上予以完善。在保障社员权益、促进合作社规范发展方面，有四个方面的经验需要予以坚持，包括合作社必须要有产业支撑；合作社的作用在于解决农户难以解决的问题；坚持民主管理；坚持财务在内部社员间公开（包括补贴公开、内部收入支出公开等)。

第二，自《合作社法》正式颁布以来，我国合作社进入了迅速发展时期，表现为合作社的数量呈逐年增长的态势。示范社占所有合作社的比例呈逐年下降趋势，说明我国合作社正在向规范转型。目前，我国的合作社以种植业合作社、“能人”带动型合作社和产加销一体化服务合作社为主。

合作社的总体发展形势良好，经济效益逐年提高，可分配盈余总额也在逐年增长。但是，合作社在实际的发展中还有一些不规范之处，如在可分配盈余的结构中，能够按交易量返还成员的总额较低；提留公积金、公益金和风险金的合作社占所有合作社的比例在逐年下降。政府对合作社的支持力度在逐年增加，表现为获得财政专项扶持资金的合作社和资金总额都呈逐年增长的态势。此外，联合社的数量也在逐年增长，我国的联合社进入了快速发展时期。

第三，从合作社的组织结构对社员经济利益的影响来看，合作社在发展早期实行简单的经济组织结构，优先保护核心成员的经济利益，而普通成员的经济利益难以得到保护；合作社在发展中期的经济组织结构有所调整，其部门分工逐渐细化，经济效益明显提高，有利于保护核心成员的经济利益，难以兼顾普通成员的经济利益。合作社在发展后期的经济组织结构产生了明显的变化，会存在同一人员在不同机构任职的情况。而且联合社成员管理相对混乱，联合社里的“三会”人员基本上和其他基层社的人员是完全重合的，尤其是重要的人事有重合的情况。所以在作出决策或安排时，会有利于核心成员，而相对不利于普通成员。从合作社的组织结构对社员的民主管理权利的影响来看，核心成员在合作社发展早期占绝对的主导地位，而普通成员对民主管理权不予关注。在合作社发展中期，核心成员依旧在决策上占有优势，而普通成员虽然有了一定的参与愿望，但是并不能实现自身的民主管理权利。在合作社发展后期，一人一票面临更多现实的挑战，普通成员仍然难以获得应有的民主管理权利。

第四，从合作社的管理制度对社员权益的影响来看，合作社在早期实行的基于高度集权的经营管理制度，使核心成员的经济利益得到优先保护，普通成员的民主管理权利难以实现。合作社在发展中期，合作社还是采取集权式的经营管理制度，虽然具体的经济制度（生产管理制度、分配制度）较初期有了一些调整，但是依然无法改变普通成员经济利益和民主管理权利难以获得有效改善的状况。在合作社发展中后期，合作社的经营管理制度从集权制向分权制转变，但是核心成员依然在决策中占主导地位，而普通成员的经济利益状况有明显改善，但是其民主管理权利还是不能获得优先的保护。在合作社发展后期，受经营管理制度的影响，核心成员依旧在决策中占有优势，而普通成员仍然难以实现自身的民主管理权利。

第五，合作社在实际的发展过程中，其组织结构中的“三会制”的法人治理结构一直存在“名”与“实”的偏离，这种偏离使合作社缺乏对核心成员的权力制衡和监督，对普通成员的权益产生了不利的影响。同时，合作社的民主管理制度从合作社的建立之初就已经发生了“名”与“实”的偏离，这种偏离背离了成员民主控制的本质规定性，使普通成员的民主管理权利难以得到保障。

第六，合作社的组织结构和管理制度发生“名”与“实”的偏离的原因主要有六个方面，包括：合作社发展规模和发展阶段所决定的必然特点，“能人”与企业家精神的稀缺性，没有专门的人事部门和不同层级管理人才的培养制度，成员异质性的影响，农民人数众多、实际协调难度大和核心成员对变革的阻碍。

9.2 政策建议

本书的政策建议主要包括以下三个方面。

第一，在合作社的发展前期，不能太过分地强调公平。因为任何组织都有一个发展的过程，在早期组织一定是效率优先的。只有效率优先，才能兼顾公平，在没有效率优先的前提下，谈任何的兼顾公平都是没有意义的。尤其是在效率没有获得本质的增长之前，谈公平有可能会伤害“能人”的利益，而“能人”具有创新型的企业家精神，是农村的一类稀缺人才要素，如果过分地强调公平，可能会打击这部分“能人”的积极性，从而使合作社的效率不能继续增长。

第二，对合作社的补贴要审慎。虽然对于合作社的补贴带来合作社数量的增长，但是补贴并不一定完全进入普通成员层面，并没有实现带动普通农民的初衷。另外，对合作社的过多补贴，会导致一些假合作社的存在。这些所谓的合作社为了套取补贴，纷纷借用合作社的名义来开展生产经营，本质与企业并无差异。此外，对合作社的补贴也会造成与其他经营主体（如公司、企业等）的不公平竞争。因此，政府应该对合作社予以严格的监管，如果合作社在实际发展中能够遵循合作社章程，没有产生组织结构和管理制度的名实偏离，那么政府应该予以补贴。如果合作社在实际发展中产生了组织结构和管理制度的名实偏离，政府就应该取消对其的补贴，促使这类合作社向企业转型。

第三，将合作社分为两大类型，并对这两种合作社分别制定不同的发展策略。如果长期是按照企业运作、家族运作的合作社，长期没有实施民主管理或者不按合作社原则经营的，可以把其转为龙头企业。如果是介于这两种之间的合作社，应该加大对此类合作社的审核力度，督促其实行民主管理，比如合作社每年要至少召开一次成员大会、促进财务公开以及加强审计。

参考文献

一　英文文献

Cook, M. L., The Future of U. S. Agricultural Cooperatives: A Neo-Institutional Approach, *American Journal of Agricultural Economics*, 1995, 77 (5): 1153 – 1159.

Cook, M. L. and Iliopoulos, C., Beginning to Inform the Theory of the Cooperative Firm: Emergence of the New Generation Cooperative, *Journal of Business Economics & Management*, 1999 (4): 525 – 535.

Cook, M. L. and Plunkett, B., Collective Entrepreneurship: An Emerging Phenomenon in Producer-Owned Organizations, *Journal of Agricultural & Applied Economics*, 2006, 38 (2).

Dunn, J. R., *Basic cooperative principles and their relationship to selected practices*, Journal of Agricultural Cooperation, 1988, 3 (1141 – 2016 – 92562): 83 – 93.

Gripsrud, G., Lenvik, G. H., Olsen, N. V., *Influence activities in agricultural cooperatives*: *the impact of heterogeneity*, The food sector in transition-Nordic research, 2001: 13 – 24.

Hojman, D. A., Szeidl, A., *Core and periphery in networks*, Journal of Economic Theory, 2008, 139 (1): 295 – 309.

Hojman, D. A. and Szeidl, A., Core and periphery in networks, *Journal of Economic Theory*, 2008, 139 (1): 295 – 309.

Holmstrom, B. and Milgrom, P., Multitask Principal-Agent Analyses: Incentive Contracts, Asset Ownership, and Job Design, *Journal of Law Economics & Organization*, 1991, 7 (Special Issue): 24 – 52.

Hsu, D. H., *Venture capitalists and cooperative start-up commercialization strategy*, Management Science, 2006, 52 (2): 204 – 219.

Malo, M. C. and Vzina, M., Governance and Management of Collective User-Based Enterprises: Value-Creation Strategies and Organizational Configurations, *Annals of Public & Cooperative Economics*, 2004, 75 (75): 113 – 137.

Rousseau, D. M., Shperling, Z., *Pieces of the action*: *Ownership and the changing employment relationship*, Academy of management review, 2003, 28 (4): 553 – 570.

Royer, J. S., Cooperative Organizational Strategies: A Neo-Institutional Digest, *Journal of Cooperatives*, 1999, 14.

Royer, J. S., Cooperative Principles and Equity Financing: A Critical Discussion, *Journal of Agricultural Cooperation*, 1992, 7.

Sexton, R. J. and Iskow, J., What Do We Know About the Economic Efficiency of Cooperatives: An Evaluative Survey, *Journal of Agricul-*

tural Cooperation, 1993, 8.

Staatz and John, M., Game-Theoretic Analysis of Decision Making in Farmer Cooperatives, *Staff Papers*, 1985.

Vitaliano, P., Cooperative Enterprise: An Alternative Conceptual Basis for Analyzing a Complex Institution, *American Journal of Agricultural Economics*, 1983, 65 (5): 1078 – 1083.

Waterman, R. W. and Meier, K. J., Principal-Agent Models: An Expansion?, *Journal of Public Administration Research and Theory*, 1998, 8 (2): 173 – 202.

Williamson, O. E., *Markets and Hierarchies: Analysis and Antitrust Implications*, New York-London, 1975.

二 中文文献

白晓明:《论我国农民专业合作社法人治理结构的发展与完善——基于外部力量主导合作社的视角》,《宁夏社会科学》2010 年第 2 期。

蔡荣:《剩余创造、分配安排与农民专业合作社前景》,《改革》2012 年第 5 期。

蔡晓琪:《浅议农民合作社与其他新型农业经营主体的相互关系及其发展模式》,《农村经济与科技》2015 年第 26 卷第 2 期。

陈淮:《企业法人治理结构是管什么的?》,《福建论坛》(人文社会科学版)2004 年第 4 期。

储成兵:《农民专业合作社联合社的法律属性》,《合作经济与科技》2011 年第 22 期。

崔宝玉：《股份合作社运行规范化的实证分析——对浙江台州和湖州 42 家合作社的调查》，《西北农林科技大学学报》（社会科学版）2009 年第 2 期。

崔宝玉、简鹏、王纯慧：《农民专业合作社：绩效测度与影响因素——兼析我国农民专业合作社的发展路径》，《中国农业大学学报》（社会科学版）2016 年第 4 期。

崔宝玉、刘峰：《快速发展战略选择下的合作社政府规制及其改进》，《农业经济问题》2013 年第 2 期。

邓衡山、王文灿：《合作社的本质规定与现实检视——中国到底有没有真正的农民合作社》，《中国农村经济》2014 年第 7 期。

邓衡山、徐志刚：《〈农民专业合作社法〉需要大改吗？——兼论名实之辨的意义与是否需要发展中国特色合作社理论》，《农业经济问题》2016 年第 11 期。

邓军蓉、祁春节、汪发元：《农民专业合作社利益分配问题调查研究》，《经济纵横》2014 年第 3 期。

樊丽明、解垩：《农民专业合作社与社员的相关因素：鲁苏湘宁四省区例证》，《改革》2010 年第 12 期。

方云中、王祥：《创新农民专业合作社联合社登记制度》，《中国工商管理研究》2011 年第 2 期。

冯开文：《村民自治、合作社和农业产业化经营制度的协调演进——来自山东烟台的调查报告》，《中国农村经济》2003 年第 2 期。

扶玉枝：《农业合作社效率研究——基于目标函数的静态与动态分析》，博士学位论文，浙江大学，2012 年。

高钰玲：《农民专业合作社服务功能：理论与实证研究》，博士学位论文，浙江大学，2014 年。

国鲁来：《合作社的经营规模与组织效率》，《农村经营管理》2005年第9期。

何慧丽：《农民合作的结构性力量之形成——以胡村合作社为例》，《学习与探索》2007年第3期。

何洲：《甘肃省农民专业合作社发展研究》，硕士学位论文，农业大学，2011年。

胡清芬：《供销合作社联合社内部组织结构改革初探》，硕士学位论文，华中师范大学，2002年。

黄建新：《以农民专业合作社为核心的科技服务体系构建研究》，《福建论坛》（人文社会科学版）2014年第10期。

黄胜忠、徐旭初：《成员异质性与农民专业合作社的组织结构分析》，《南京农业大学学报》（社会科学版）2008年第8卷第3期。

黄祖辉、扶玉枝、徐旭初：《农民专业合作社的效率及其影响因素分析》，《中国农村经济》2011年第7期。

黄祖辉、邵科：《合作社的本质规定性及其漂移》，《浙江大学学报》（人文社会科学版）2009年第4期。

黄祖辉、徐旭初：《中国的农民专业合作社与制度安排》，《山东农业大学学报》（社会科学版）2005年第4期。

贾和亭：《法人治理结构：分权与制衡》，福建人民出版社1996年版。

姜绍静、罗泮：《以农民专业合作社为核心的农业科技服务体系构建研究》，《中国科技论坛》2010年第6期。

蒋晓妍：《国外农民合作社联合社的制度设计及对我国的启示》，《北方经济》2010年第6期。

蒋晓妍：《农民专业合作社联合社治理结构的选择性分析》，《知识经济》2017 年第 1 期。

孔祥智：《农民合作社联合社主体应该多元化》，《农村工作通讯》2016 年第 14 期。

孔祥智、周振：《分配理论与农民专业合作社盈余分配原则——兼谈〈中华人民共和国农民专业合作社法〉的修改》，《东岳论丛》2014 年第 4 期。

李春景：《我国企业法人治理结构的现状与对策》，《管理世界》2002 年第 8 期。

李东红：《企业组织结构变革的历史、现实与未来》，《清华大学学报》（哲学社会科学版）2000 年第 3 期。

李静：《农民专业合作社法人治理结构及其规范运行分析》，《经济问题》2013 年第 3 期。

李丽、徐明峰：《农业合作社规模与经济效益的相关性研究》，《财经问题研究》2014 年第 4 期。

李尚勇：《农民合作社的制度逻辑——兼谈其发展存在的问题》，《农业经济问题》2011 年第 7 期。

李晓蓉：《试论现代企业管理制度的创新》，《经营管理者》2009 年第 6 期。

李永莉：《农民专业合作社财务困局正解》，《河南农业》2011 年第 17 期。

梁剑峰、李静：《农民专业合作社法人治理结构的冲突与优化》，《经济问题》2015 年第 1 期。

梁巧：《基于 2012—2014 年国内外合作社文献的梳理与思考》，《农业经济问题》2015 年第 11 卷第 97 期。

林坚、黄胜忠：《成员异质性与农民专业合作社的所有权分析》，

《农业经济问题》2007 年第 10 期。

林滢、任大鹏：《农民专业合作社联合社法律制度探析》，《农村经营管理》2010 年第 5 期。

林志扬：《从治理结构与组织结构互动的角度看企业的组织变革》，《中国工业经济》2003 年第 2 期。

刘婷婷：《浅析现代企业管理制度的创新》，《中国商贸》2011 年第 21 期。

刘同山、孔祥智：《精英行为、制度创新与农民合作社成长——黑龙江省克山县仁发农机合作社个案》，《商业研究》2014 年第 5 期。

刘伟：《农民专业合作社组织结构研究——以河北省张家口市 Y 村农民专业合作社为例》，《张家口职业技术学院学报》2013 年第 3 期。

刘自敏、杨丹：《农民专业合作社对农业分工的影响——来自中国六省农户调查的证据》，《经济问题》2013 年第 9 期。

陆倩、孙剑、向云：《合作社产权：内涵组成及其相互作用机制》，《农村经济》2016 年第 11 期。

吕建灵、郝少英：《完善农民专业合作社财务监管的思考》，《商业会计》2009 年第 19 期。

马丽岩、李彤：《农民专业合作社财务管理存在的问题与对策研究》，《改革与战略》2008 年第 3 期。

马彦丽、孟彩英：《我国农民专业合作社的双重委托—代理关系——兼论存在的问题及改进思路》，《农业经济问题》2008 年第 5 期。

缪恩克勒：《合作社法律原理十讲》，西南财经大学出版社 1991 年版。

宁攸凉、乔娟、宁泽逵：《农户生产资料购买行为特征分析——

以北京市养猪户为例》,《中国畜牧杂志》2011 年第 18 期。
牛立腾、周振:《农民专业合作社联合社的运行机制与实践效果——以武汉市荆地养蜂专业合作社联合社为例》,《人民论坛》2014 年第 17 期。
农民专业合作社联合社发展研究课题组:《农民专业合作社联合社调查研究报告》(上),《中国农民合作社》2014 年第 3 期。
潘劲:《中国农民专业合作社:数据背后的解读》,《中国农村观察》2011 年第 6 期。
潘文灏、王浣尘、王意冈:《现代企业的组织结构与激励机制》,《上海交通大学学报》(社会科学版) 1998 年第 1 期。
全国人大农业与农村委员会课题组:《农民合作经济组织立法专题研究报告(五)》,《农村经营管理》2005 年第 1 期。
任大鹏、于欣慧:《论合作社惠顾返还原则的价值——对"一次让利"替代二次返利的质疑》,《农业经济问题》2013 年第 2 期。
任浩、刘石兰:《基于战略的组织结构设计》,《科学学与科学技术管理》2005 年第 26 卷第 8 期。
邵科、徐旭初:《合作社社员参与:概念、角色与行为特征》,《经济学家》2013 年第 1 期。
石绍宾:《农民专业合作社与农业科技服务提供——基于公共经济学视角的分析》,《经济体制改革》2009 年第 3 期。
史超书:《专业合作社的发展与供销合作社改革》,《中国农村经济》1996 年第 9 期。
斯蒂芬·P. 罗宾斯、玛丽·库尔特:《管理学》,孙健敏译,中国人民大学出版社 2004 年版。
宋芳:《我国农民专业合作社的发展研究》,硕士学位论文,山东大学，2010 年。

孙亚范：《农民专业合作社运行机制与产权结构：江苏 205 个样本》，《改革》2011 年第 12 期。

谭智心、张照新：《关于农民合作社联合社成员资格立法问题的思考》，《农村工作通讯》2016 年第 14 期。

田艳丽、修长柏：《牧民专业合作社利益分配机制的构建——生命周期视角》，《农业经济问题》2012 年第 9 期。

万溦、柏能、张东方：《农民专业合作社联合社法律地位问题研究》，《法制与社会》2013 年第 21 期。

王洪春：《合作社治理结构探讨》，《合作经济》2006 年第 6 期。

王军：《合作社治理：文献综述》，《中国农村观察》2010 年第 2 期。

王玮、刘莲花：《公司法人治理结构的建立与完善》，《河北法学》2004 年第 8 期。

王玉华：《当前农民合作社财务管理存在的问题及改进措施》，《农业经济》2015 年第 2 期。

吴志雄：《对农产品合作社一些问题的思考》，《中国农村经济》2004 年第 11 期。

武光太：《我国〈农民专业合作社法〉的立法完善——以治理结构为中心》，《农业经济》2013 年第 1 期。

谢琳、钟文晶：《规模经营、社会化分工与深化逻辑——基于“农业共营制”的案例研究》，《学术研究》2016 年第 8 期。

徐小平：《中国现代农业合作社法律制度研究》，博士学位论文，西南政法大学，2007 年。

徐旭初：《农民专业合作：基于组织能力的产权安排——对浙江

省农民专业合作社产权安排的一种解释》,《浙江学刊》2006年第3期。

徐旭初:《农民专业合作社发展辨析:一个基于国内文献的讨论》,《中国农村观察》2012年第5期。

徐旭初、吴彬:《治理机制对农民专业合作社绩效的影响——基于浙江省526家农民专业合作社的实证分析》,《中国农村经济》2010年第5期。

颜华、冯婷:《农民专业合作社普通成员的利益实现及其保障机制研究——基于黑龙江省25家种植业合作社的调查》,《农业经济问题》2015年第2期。

杨光华、朱春燕:《规模扩大必然影响农民专业合作社的绩效吗?——基于集体行动理论的视角》,《农村经济》2014年第7期。

杨群义:《关于发展农民专业合作社联合社的探讨》,《中国合作经济》2012年第4期。

尹腾腾:《农民专业合作社联合社立法若干问题研究》,硕士学位论文,安徽财经大学,2012年。

应瑞瑶:《合作社的异化与异化的合作社——兼论中国农业合作社的定位》,《江海学刊》2002年第6期。

应瑞瑶、唐春燕、邓衡山、徐志刚:《成员异质性、合作博弈与利益分配——一个对农民专业合作社盈余分配机制安排的经济解释》,《财贸研究》2016年第3期。

于斌、苏东海、周冲:《快速成长企业的组织结构特征分析》,《生产力研究》2009年第11期。

于会娟、韩立民:《要素禀赋差异、成员异质性与农民专业合作社治理》,《山东大学学报》(哲学社会科学版)2013 年第 2 期。
苑鹏:《关于修订〈农民专业合作社法〉的几点思考》,《湖南农业大学学报》(社会科学版)2013 年第 4 期。
苑鹏:《合作社民主管理制度的意义和面临的挑战》,《中国农民合作社》2010 年第 6 期。
苑鹏:《农民专业合作社联合社发展的探析——以北京市密云县奶牛合作联社为例》,《中国农村经济》2008 年第 8 期。
苑鹏:《中国农村市场化进程中的农民合作组织研究》,《中国社会科学》2001 年第 6 期。
张成福、杨兴坤:《借鉴现代公司治理模式,构建大部制的治理结构与治理机制》,《福建论坛》(人文社会科学版)2010 年第 1 期。
张国富、范亚东:《林业专业合作社财务管理探析》,《生产力研究》2013 年第 8 期。
张红宇:《我国农民合作社的发展方向》,《农村工作通讯》2016 年第 19 期。
张娟:《农民专业合作社联合社的变迁路径》,《农村经济》2012 年第 11 期。
张晓山:《农民专业合作社的发展趋势探析》,《管理世界》2009 年第 5 期。
张晓生:《企业管理制度内生性的经济学分析》,《生产力研究》2012 年第 3 期。
张晓霞:《完善法人治理结构健全现代企业制度》,《河北学刊》2006 年第 3 期。
张雪莲、冯开文:《农民专业合作社决策权分割的博弈分析》,《中国农村经济》2008 年第 8 期。

章群、牛忠江：《市场与法治：农民专业合作社法人治理中的动态利益平衡》，《河北法学》2011 年第 1 期。

赵德成：《农民专业合作社法人治理结构研究》，硕士学位论文，西南政法大学，2007 年。

赵晓峰、刘威：《"家庭农场 + 合作社"：农业生产经营组织体制的理想模式及功能》，《当代农村财经》2014 年第 7 期。

郑丹：《农民专业合作社盈余分配状况探究》，《中国农村经济》2011 年第 4 期。

郑鹏、李崇光：《"农超对接"中合作社的盈余分配及规制——基于中西部五省市参与"农超对接"合作社的调查数据》，《农业经济问题》2012 年第 9 期。

郑勇、徐荣华：《企业组织结构调查有关问题研究》，《统计研究》2013 年第 9 期。

周春芳、包宗顺：《农民专业合作社产权结构实证研究——以江苏省为例》，《西北农林科技大学学报》（社会科学版）2010 年第 6 期。

周振、孔祥智、穆娜娜：《农民专业合作社的再合作研究——山东省临朐县志合奶牛专业合作社联合社案例分析》，《当代经济研究》2014 年第 9 期。

周振、谭玥琳、孔祥智：《利益一致性、供销社推动与农民专业合作社的联合——基于河北省灵寿县青同镇农民专业合作社联合社的案例分析》，《青岛农业大学学报》（社会科学版）2014 年第 1 期。

朱哲毅、邓衡山、应瑞瑶：《价格谈判、质量控制与农民专业合作社农资购买服务》，《中国农村经济》2016 年第 7 期。

附　录

合作社社表

A. 农民专业合作社基本情况：

1. 合作社成立年份：________年；在工商部门登记年份____________或____________未在工商登记。

2. 合作社成立时的社员数：工商登记成员户数_______户，实有成员_______户，其中农民_______户，其他成员_______户；

合作社当前社员数：工商登记成员户数________户，实有成员________户，其中农民________户，其他成员________户。

3. 合作社成立时的固定资产：________元；合作社当前固定资产：________元。

4. 合作社成立时的股金总额：________元；合作社当前股金总额：________元。

5. 合作社当前总股份数：________。

6. 合作社有机蔬菜生产总面积：________。

7. 合作社是否有章程？________①是　②否

7.1　如有，如何制定？________①参照农业部示范章程并据实调整　②主要参照农业部示范章程　③主要根据自身实际　④参照其他合作社

7.2　如有，是否完全符合合作社法对章程的要求？________①是　②否

7.3　成员入社是否要遵守章程？________①是　②否；成员违反章程是否会被清除？________①是　②否

7.4　如有，执行过程中有哪些问题？（可多选）________①无　②不好操作　③没人遵守　④其他，请填写

7.5　如有，章程是否修订过？________①是　②否。

8. 合作社是否有厂房等资产？________①是　②否；如是，资产权属是否明确？________①是　②否。

9. 2013 年合作社盈余________元，来自________；或亏损________元，来自________；

9.1　如有盈余，用于弥补亏损________元；提公积金________元、公益金________元、风险金________元；

9.2　按交易量（额）分配________元；按其他方式分配________元，什么方式________。

10. 合作社是否执行财政部合作社会计制度？________①是　②否；会计资料是否完整？________①是　②否。

11. 合作社是否有专职财务工作人员？________①是　②否；如有，会计、出纳是否兼任？________①是　②否。

12. 合作社是否获得财政项目或资金扶持？________①是　②否；

如有，合作社是否把财政扶持形成资产平均量化到每名成

员，并记入成员账户？________①是 ②否。

13. 合作社是否定期向全体成员公开财务和运营情况______①是 ②否；如是，怎样公开？________________

14. 合作社为成员提供哪些服务（多选）________①买农资 ②技术 ③卖产品 ④联系业务 ⑤其他。

15. ________%的成员通过合作社购买农资或其他生产资料，价格是否比非成员低？________①是 ②否。

16. 合作社向成员销售农资或其他生产资料的价格是否比合作社购买或生产价格高？________①是 ②否；

16.1 如是，差价主要用于：________①弥补运输成本 ②成为合作社盈利 ③其他，请说明____________。

16.2 如否，运输成本、采购成本怎样支付：____________________________________。

17. ________%的成员通过合作社得到技术服务，是否收费？________①是 ②否。

18. ________%的成员通过合作社销售产品，与合作社交易方式________①卖给合作社 ②由合作社代销 ③成员自行销售，合作社提供信息 ④其他，请说明____________。

19. 如采用先购买成员产品再统一对外销售的方式，销售价是否比收购价高？________①是 ②否；

19.1 如是，差价主要用于________①弥补收购销售成本 ②成为合作社盈利 ③其他；

19.2 如否，采购成本、销售成本怎样支付？____。

20. 是否出过质量安全问题？________①是 ②否；

是否受过法律或行政处罚？________①是　②否；

对不遵守生产规则生产有机蔬菜的成员的处罚方式：____。

21. 是否开展过内部审计？________①是　②否；是否有农业或其他部门监督？________①是　②否。

22. 是否有合作社协会、联合会等监督？________①是　②否；是否有成员监督？________①是　②否。

23. 当前本社发展的主要困难是：________①政府支持不够　②管理不善　③缺少资金　④缺少社会资源　⑤成员对合作社不够信任　⑥市场销路打不开　⑦竞争不过其他企业或合作社　⑧其他，请说明__________________________。

B. 合作社社员的社员资格

1. 社员主要来自______①本村　②本镇　③本县　④本市。

2. 社员的生产基地主要分布在________①本村　②本镇　③本县　④本市。

3. 合作社的入社条件________①开放性社员资格　②限制性社员资格　③封闭性社员资格。

3.1　若合作社采取开放性社员资格，采取这个政策的原因是：____。

3.2　若合作社采取限制性社员资格，那么农户入社需满足什么条件：____。

3.3　若合作社采取封闭性社员资格，采取这个政策的原因是：____________________________________。

C. 合作社所有权情况：

1. 理事会成员的人数：__________；占所有成员人数的比例__________；

理事会成员是否都为农户社员？______①是 ②否；若否，则非社员的理事会成员人数是：__________。

2. 理事会成员所拥有的股份（%）：__________。

3. 监事会成员的人数：__________；占所有成员人数的比例__________；

监事会成员是否都为农户社员？______①是 ②否；若否，则非社员的监事会成员人数是：__________。

4. 监事会成员所拥有的股份（%）：__________。

5. 普通成员出资额的上限（%）：__________。

6. 随着合作社的规模扩大，财产所有权是否发生调整______①是 ②否；具体方式__________。

D. 合作社决策机制和过程

1. 合作社上一年度的社员大会次数：__________。

2. 合作社举行社员大会的目的：______①技术培训 ②关于技术创新的决策 ③关于市场策略的决策 ④关于理事会和监事会成员人事变动的决策 ⑤其他，请说明__________。

3. 合作社上一年度的理事会次数：__________。

4. 合作社举行理事会的目的：______①关于技术培训 ②关于技术创新的决策 ③关于市场策略的决策 ④关于理事会和监事会成员人事变动的决策 ⑤其他，请说明__________。

5. 成员（代表）大会______、理事会______、监事会

________分别实行哪种表决方式？①一人一票 ②一股一票，无上限 ③按股份比例，但每个人票数有上限 ④一人一票加附加表决权 ⑤按交易量，每个人票数无上限 ⑥不投票，由合作社领导决定。

6. 如有三会，每次会议有无会议记录？________①没有记录 ②有时有记录 ③每次有记录。

7. 重大决策主要由谁做？________①理事长 ②理事会 ③成员（代表）大会。

E. 合作社的收益分配机制

1. 合作社对农户产品的定价原则：________①按市场价格支付 ②高于市场价格一定比例 ③低于市场价格收购。

2. 收益分配制度主要由谁制定________①理事长 ②理事会 ③成员（代表）大会 ④章程。

3. 盈余的主要分配方式（单选）________①按交易额（量）返还 ②按股分红 ③平均分给成员 ④以按交易额（量）分配为主，达________% ⑤以按股分红为主，达________% ⑥其他。

4. 是否每位成员有成员账户________①是 ②否；如有，是否记录与合作社交易情况________①是 ②否；是否记录出资和公积金________①是 ②否。

5. 合作社提取的公积金和公益金份额（%）：________。

F. 核心成员基本信息：

1. 社长教育程度：________①小学以下 ②小学毕业 ③初中毕业 ④高中毕业 ⑤大专或本科以上。

2. 社长开始从事农业的年份：________。

3. 社长开始从事目前合作社主营产品的生产的年份：______。

4. 社长的股金：____________________。

5. 社长股金占合作社总股金的比例（%）：__________。

6. 社长目前所从事的其他工作：________ ①某些政府部门的技术人员 ②村长/村支书等村级干部 ③除了该合作社以外的其他合作社的成员 ④经营农资公司或商店 ⑤其他公司的普通员工 ⑥经营公司或是公司的管理人员 ⑦其他，请说明____________________________。

7. 社长在成为社长之前的工作经历：________ ①从事农业生产 ②政府部门工作 ③村长/村支书等村级干部 ④经营农资公司或商店 ⑤从事农产品返销 ⑥其他公司的普通员工 ⑦经营公司或是公司的管理人员 ⑧其他，请说明________________________________。

合作社社员调查表

A. 家庭基本情况

1. 收入指总收入，生产性开支应从收入中扣除，而消费性开支不扣；

01. 你家2013年有几口人？________（人）

个人编码	1	2	3	4	5	6	7	8	9	10	11	12	13	14	15	16	17	18	19
								2013 年						开始在合作社工作那年______（年）					
										2013 年非农工作情况						开始在合作社工作那年非农工作情况			
	与户主的关系（代码1）	性别 1 = 男 2 = 女	户口类型 1 = 农业 2 = 非农业 3 = 没户口	年龄周岁	上过几年学？（年）	自我认定健康状况（代码2）	是否村干部？（1 = 是；2 = 否）	是否务农？1 = 是 2 = 否	是否有非农收入？1 = 是；2 = 否 开始在合作社工作（年）	拿工资还是给自家做？1 = 拿工资 2 = 给自家做	干了几个月？（月，精确到0.5）	估计现金收入和实物收入（元）	什么工作？（代码3）	是否务农？1 = 是 2 = 否	是否有非农收入？1 = 是；2 = 否 B	拿工资还是给自家做？1 = 拿工资 2 = 给自家做	干了几个月？（月，精确到0.5）	估计现金收入和实物收入（元）	什么工作？（代码3）
1																			
2																			
3																			
4																			
5																			
6																			
7																			
8																			
9																			

续表

	1	2	3	4	5	6	7	8	9	10	11	12	13	14	15	16	17	18	19
								2013 年						开始在合作社工作那年______（年）					
										2013 年非农工作情况						开始在合作社工作那年非农工作情况			
个人编码	与户主的关系（代码1）	性别 1＝男 2＝女	户口类型 1＝农业 2＝非农业 3＝没户口	年龄周岁	上过几年学？（年）	自我认定健康状况（代码2）	是否村干部？（1＝是；2＝否）	是否务农？1＝是 2＝否	是否有非农收入？1＝是；2＝否 开始在合作社工作（年）	拿工资还是给自家做？1＝拿工资 2＝给自家做	干了几个月？（月，精确到 0.5）	估计现金收入和实物收入（元）	什么工作？（代码3）	是否务农？1＝是 2＝否	是否有非农收入？1＝是；2＝否 B	拿工资还是给自家做？1＝拿工资 2＝给自家做	干了几个月？（月，精确到 0.5）	估计现金收入和实物收入（元）	什么工作？（代码3）
10																			

代码 1. 关系：1＝户主；2＝配偶；3＝孩子；4＝孙子辈；5＝父母；6＝兄弟姐妹；7＝女婿，儿媳，姐夫，嫂子；8＝公婆，岳父母；9＝亲戚；10＝无亲戚关系；11＝祖父母。

代码 2. 健康状况：1＝优；2＝良；3＝中；4＝差；5＝丧失劳动能力。

代码 3. 工作：1＝自营工业；2＝自营商业；3＝自营服务业；4＝工人、教师、村干部、打工等拿工资的职务（除绿菜园）；5＝工人、教师、村干部、打工等拿工资的职务（绿菜园）；6＝其他，请说明。

B. 种植业生产经营情况：

B1. 2013 年，开始在合作社工作那年粮食作物生产经营情况

	2013 年			开始在合作社工作那年		
	小麦	玉米	其他粮食作物	小麦	玉米	其他粮食作物
播种面积（亩）						
实际收获面积（亩）						
总产量（斤）						
总收入（元）						
总费用（元）						

B2. 2013 年经济作物生产经营情况

	苗木	非合作社大棚菜	花卉	水果	油料	糖料	麻类	烟草	蚕桑	其他
播种面积（亩）										
实际收获面积（亩）										
总产量（斤）										
总收入（元）										
总费用（元）										

B3. 开始在合作社工作那年经济作物生产经营情况

	苗木	非合作社大棚菜	花卉	水果	油料	糖料	麻类	烟草	蚕桑	其他
播种面积（亩）										
实际收获面积（亩）										
总产量（斤）										
总收入（元）										
总费用（元）										

B4. 2013 年合作社承包蔬菜生产经营情况（注：①非整数，

请保留两位小数；②每天按 8 小时计算）

1）2013 年，你在绿菜园包了几个大棚？______个；包了几个月？______月；共计多少亩？______亩；除大棚菜外，你还在棚外承包了多少菜地？______亩；你去年全年种菜的工资收入大概有多少？______元（每个月各大棚工资表“三七开”后的工资收入全年合计）；

2）2013 年，你（妻子）在合作社种菜种了多少天？______天；你（老公）在合作社种菜种了多少天？______天；其他人在合作社种菜种了多少天？______天。

B5. 2012 年合作社承包蔬菜生产经营情况（注：①非整数，请保留两位小数；②每天按 8 小时计算）

1）2012 年，你在绿菜园包了几个大棚？______个；包了几个月？______月；共计多少亩？______亩；除大棚菜外，你还在棚外承包了多少菜地？______亩；你去年全年种菜的工资收入大概有多少？______元（每个月各大棚工资表“三七开”后的工资收入全年合计）；

2）2012 年，你（妻子）在合作社种菜种了多少天？______天；你（老公）在合作社种菜种了多少天？______天；其他人在合作社种菜种了多少天？______天。

B6. 开始在合作社工作那年合作社承包蔬菜生产经营情况（注：①非整数，请保留两位小数；②每天按 8 小时计算）

1）开始在合作社工作那年，你在绿菜园包了几个大棚？______个；包了几个月？______月；共计多少亩？______亩；除大棚菜外，你还在棚外承包了多少菜地？______亩；你去年全年种菜的工资收入大概有多少？______元（每个月各大棚工资表“三七开”后的工资收入全年合计）；

2）开始在合作社工作那年，你（妻子）在合作社种菜种了多少天？______天；你（老公）在合作社种菜种了多少天？______天；其他人在合作社种菜种了多少天？______天。

C1. 2013 年养殖业生产经营情况：

		生猪	肉牛	肉羊	肉禽	蛋禽	奶牛	水产品	其他养殖
		1	2	3	4	5	6	7	8
1	经营收入（元）								
2	当年生产经营费用（元）								

C2. 开始在合作社工作那年养殖业生产经营情况：

		生猪	肉牛	肉羊	肉禽	蛋禽	奶牛	水产品	其他养殖
		1	2	3	4	5	6	7	8
1.	经营收入（元）								
2.	当年生产经营费用（元）								

D. 2013 年，开始在合作社工作那年家庭财产性收入和转移性收入：

		2013 年	开始在合作社工作那年
		1	2
1	财产性收入（元）		
2	其中：房屋出售（元）		
3	变卖财物（除房屋）所得（元）		
4	房屋出租（元）		
5	征地补偿款（元）		
6	土地租赁收入（元）		

续表

		2013 年	开始在合作社工作那年
7	大型工具、器物出租（元）		
8	利息、股息、红利收入（元）		
9	其他财产性收入（元）		
10	转移性收入（元）		
11	其中：养老金（元；参照 A 表年龄）		
12	从政府得到收入（包括低保，粮食直补、救济金等；元）		
13	亲友赠送收入（元）		
14	医疗报销收入（元）		
15	农业保险赔偿（元）		
16	调查补贴（元）		
17	其他转移性收入（元）		

E. 家庭全年总支出：

		2013 年	开始在合作社工作那年
		1	2
	总支出（元）		
	一、生产性支出（元）		
	其中：种植业生产经营支出（元；可由前面 B 表加总）		
	养殖业生产经营支出（元；可由前面 C 表加总）		
	除农业外的家庭二、三产业的经营支出（元；和前面 A 表对照）		
	二、生活性支出（元）		
	其中：食品支出（元）		
	衣着支出（元）		
	住房（元）		
	燃料（元）		
	耐用消费品（元）		

续表

	2013 年	开始在合作社工作那年
保险（元，生产性保险除外）		
医疗、住院费（元）		
学杂费（元）		
旅游支出（元）		
交通通讯支出（元）		
人情往来费用（元）		
其他生活性支出（元）		

F. 家庭住房，大型生产工具和家庭耐用消费品拥有情况：

	2013 年		开始在合作社工作那年	
	数量（个，套/件）	资产原值（元）	数量（个/件）	资产原值（元）
	1	2	3	4
年末拥有居住房屋				
役畜、种畜、产品畜				
大中型铁木农具				
农林牧渔业机械				
工业机械				
运输机械（汽车，运输用拖拉机，农用机动车，胶轮车）				
生产用房				
设施农业固定资产				
其他大型生产工具				
自行车				
电视机				
洗衣机				
电冰箱				
大型家具				

续表

	2013 年		开始在合作社工作那年	
照相机				
摩托车				
手机				
空调				
微波炉				
电脑				
小汽车				
热水器				
电饭锅				
其他家庭耐用消费品				

G. 价格：

1）开始承包大棚时，你是否和合作社签订了承包合同？______（1 = 是；2 = 否）；2013 年年初，你是否和合作社签订了生产合同？______（1 = 是；2 = 否）。

2）2013 年年初时，合作社是否规定好了你当年所种植的作物品种？______（1 = 是；2 = 否），你是否参与了该种植品种的选择安排制定议程？______（1 = 是；2 = 否），若你不愿意种植规定的作物品种，是否可以提出要求更换你要种植的作物品种？______（1 = 绝对不可以；2 = 不可以；3 = 某些条件下可以；4 = 可以）。

3）2013 年年初时，合作社是否和你约定好了当年种植出的蔬菜品种的价格？______（1 = 是；2 = 否）；你是否参与了该蔬菜价格的制定过程（成本核算表的制定过程）？______（1 = 是；2 = 否）；整体而言，你认为合作社预先制定的蔬菜收购价格怎样？______（1 = 很低；2 = 低；3 = 适中；4 = 高；5 = 很高)；若你觉得某个蔬菜品种的制定价格过低并向合作社提出加价的要求，合作社是否会同意？________（1 = 绝对不会；2 = 不会；3 = 会，但争取很困难；4 = 会，争取较容易)；当你的蔬菜以“礼品菜“的形式进行销售时，对合作社支付给你的礼品菜价格满意吗？________（1 = 满意；2 = 一般；3 = 不满意)，若不满意，请问原因是______________________。

H. 费用：

		你认为该项收费是否过高？（1 = 很低；2 = 低；3 = 适中；4 = 高；5 = 很高)	你是否参与了该项收费的制定过程？（1 = 是；2 = 否)	假如你认为该项收费过高并向合作社提出降价，合作社是否会让步？（1 = 绝对不会；2 = 不会；3 = 会，但争取很困难；4 = 会，争取较容易)
		1	2	3
水电费（按月平摊到每个大棚)	1			
土地流转费（4 元/天/大棚)	2			
鸡粪	3			
杂物	4			
挠地	5			
植保	6			
地膜	7			
豆饼	8			
肥料	9			
种苗	10			
公积金［（产量金额 - 费用）*0.1］	11			

I. 工资核算：

1）你是否对你和合作社之间的交易情况作了详细的记录？______（1 = 是；2 = 否）；你能否根据合作社打给你的工资单计算出自己的最终工资（“三七”开后的工资）？______（1 = 不能；2 = 能，但有一些困难；3 = 能）；你认为利润的“三七分成”对你而言怎样？______（1 = 很低；2 = 低；3 = 适中；4 = 高；5 = 很高）；你对利润的“三七分成”［（产量金额 - 费用）＊0.9＊0.7］还有什么看法？____。

J. 技术指导和培训：

1）你对合作社对你提供的技术指导感到满意吗？______（1 = 很满意；2 = 满意；3 = 一般；4 = 不满意；5 = 非常不满意）；2013年，你总共参加了几次合作社举办的专门技术培训？______（次）；你认为培训对你的生产有没有实际的帮助？______（1 = 有帮助；2 = 一般；3 = 没帮助）；你对合作社的技术指导和培训有什么看法？____。

K. 社员正式入社和分红：

1）你于什么时候正式成为“绿菜园”合作社社员？______（年；进入社员名单或资金入股等形式为准）；你是以何种形式成为合作社正式社员？______（1 = 资金入股；2 = 土地入股；3 = 其他，请说明）；要成为一名合作社正式社员需要具备哪些条件？______（可多选；1 = 在社里干活；2 = 本村村民；3 = 其他，请说明)；要发展成为一名正式合作社社员需要经过社员大会讨论吗？______（1 = 需要；2 = 不需要）；整体而言，你感觉要发展成为一名正式合作社社员困难吗？______（1 = 很困难；2 = 困难；3 = 一般；4 = 容易；5 = 很容易）；你对合作社的入社（正式成为社员）有什么看法？______。

2）按股分红和交易额返还让利：

		2013 年	2012 年	加入合作社那年
		1	2	3
1	累计合作社出资额（元）			
2	累计合作社出资额占总股份的比例（%；不知道填 999）			
3	按照出资额按股分红（元）			
4	按照交易额返还让利（元）			
5	合作社其他形式让利（元）			

3）合作社年度按股分红/交易额返还让利的资金比例或数量由谁来确定？______（1 = 全体社员大会；2 = 社员代表大会；3 = 管理层；4 = 其他，请说明）；你可以增加你在合作社的出资额吗？______（1 = 可以；2 = 不可以）；出资额的下限是多少？______（元）；出资额的上限是多少元？______（元）；当你退出合作社时，你是否可以带走你的出资额？______（1 = 可以；2 = 不可以）；你对合作社的出资和分红有什么看法？______

______

L. 管理民主和决策：

1）合作社是否有自己完善的章程？______（1 = 是；2 = 否）；你对章程的内容熟悉吗？______（1 = 熟悉；2 = 一般；3 =

不熟悉)；你对社员大会、董事会和监事会的设立和各自的作用清楚吗？______（1 = 清楚；2 = 一般；3 = 不清楚)；

2）你 2013 年参加了几次合作社社员大会？______（次)；关于社员的投票权是如何确定的？______（1 = 一人一票；2 = 按照出资额投票；3 = 其他，请说明)；当你对合作社的决策不满意时，你通常采取的方式是？______（1 = 沉默；2 = 发言；3 = 退出，4 = 其他，请说明)。

3）你有没有获得社长的选举机会？______（1 = 有；2 = 没有)；如何才能成为社长？______________________________

4）合作社每年有没有将其年度财务数据向社员或者监事会进行公示或审查？______（1 = 有；2 = 没有)。

5）你对合作社的管理民主和决策方面有没有什么好的意见或者看法？______________________________________。